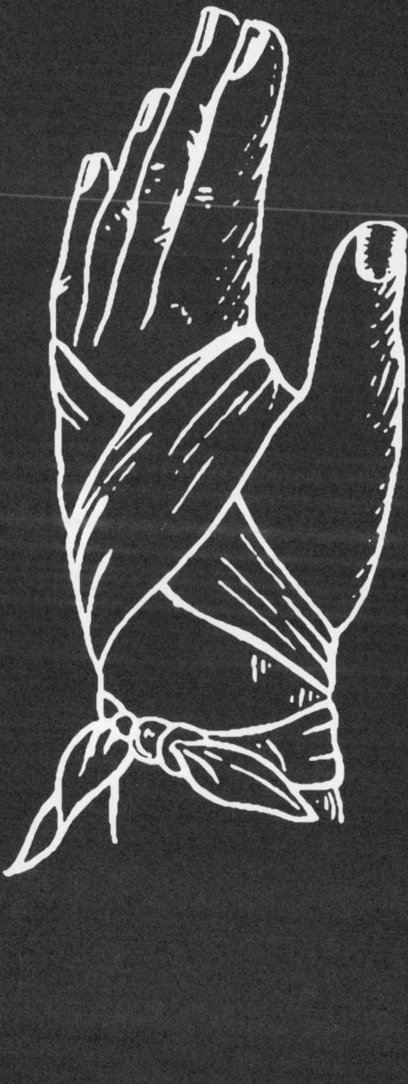

MAKERS BIBLE + JOSEF

SÜDTIROL

VOM RESCHENPASS BIS ZU DEN DOLOMITEN

MAKER & CRAFTER

HÄNDLER

GASTGEBER

EIN MANIFEST FÜR QUALITÄT, HANDWERKSKUNST & LEIDENSCHAFT

Liebe Leserinnen und Leser,

Südtirol, nördlichste Provinz Italiens, eine halbe Millionen Einwohner, drei Sprachen (Deutsch, Italienisch und Ladinisch), fruchtbare Täler eingebettet zwischen hohen Bergen. Wir springen über die Alpen und möchten Lust machen, traditionelle und innovative Maker & Crafter in Südtirol kennenzulernen. Auch in diesem Reiseführer befassen wir uns mit den Menschen und ihren Erzeugnissen.

In diesem Buch der Makers Bible-Reihe wollen wir Handgemachtes und deren Macher*Innen wertschätzen. Wir richten den Blick auf landwirtschaftliche Erzeugnisse oder Läden, deren Sortimente es eben nur dort gibt. Dieses Buch empfiehlt Unterkünfte, deren Gastgeber die typische, alpenländische Herzlichkeit ausstrahlen, und bei denen man sich auf Zeit zu Hause fühlen kann.

Die Vorteile Südtirols liegen auf der Hand: Das Klima fast wie bei uns, das Wetter jedoch meist besser; die Sprache verständlich und die Mentalität ähnlich. Irgendwie schon Dolce Vita und trotzdem doch ein sowohl landwirtschaftlicher wie industrieller – und darum geht es in unseren Büchern vornehmlich – handwerklicher Standort.

Der autonomen Provinz Bozen, wie Südtirol in Italien genannt wird, sollte man aber nicht uneingeschränkt unkritisch begegnen: Auch wenn Südtirol in der Vorstellung vieler das Land des Specks, des Weins, des Apfels ist, sind vor allem Gebiete um Bozen, Meran und dem Vinschgau geprägt von landwirtschaftlichen Monokulturen, die unter Flächenversiegelung, Wassermangel, Bienensterben und Staus leiden.

Mit unserer subjektiven Auswahl stellen wir Südtiroler*innen dar, die ihr Handeln und ihre Produkte wieder oder „ab jetzt" in Einklang mit der Umwelt und ganzheitlich nach gesundem Menschenverstand erzeugen, für die „bio" nicht Trend, sondern ein Versprechen an die nächste Generation ist.

Wir stellen Menschen vor, die das Haben nicht überbewerten und das Sein in den Vordergrund stellen; Erzeuger, welche die konventionelle Obst-Wirtschaft hinter sich gelassen haben, auf „bio" umgestiegen sind und mit Kreativität und Ausdauer gelernt haben, das Angebaute umfassend Wert zu schöpfen, solche, die Brot als allerwichtigstes Lebensmittel ansehen und das Getreide aus dem es gemacht wird, wieder in ihrer Heimat Südtirol angebaut wissen wollen.

Zu Guter Letzt ist es wichtig, dass Reisen, Konsum und die Begegnungen mit Menschen Spaß machen! So hoffen wir, dass in diesem Buch viele Anreize stecken, Südtirol von einer neuen Seite kennenzulernen, gerade da neben Klassikern viele Ziele außerhalb ausgetretener Pfade liegen.

In diesem Sinne: Entdeck' mers!
Ihr *Makers Bible* Redaktions-Team

INHALT

HANDGEMACHTE QUALITÄT IN SÜDTIROL

Willkommen in Südtirol!

Wer ist kein Südtirol Fan? „Überlaufen“ sagen manche — nicht da, wo dieses Buch Sie hinführen wird. Fünf Regionen voller Handwerk und Gastlichkeit. Navigieren Sie mit dem Smartphone indem sie die MAKERS BIBLE Südtirol Karte nutzen.
QR Code scannen und losfahren!

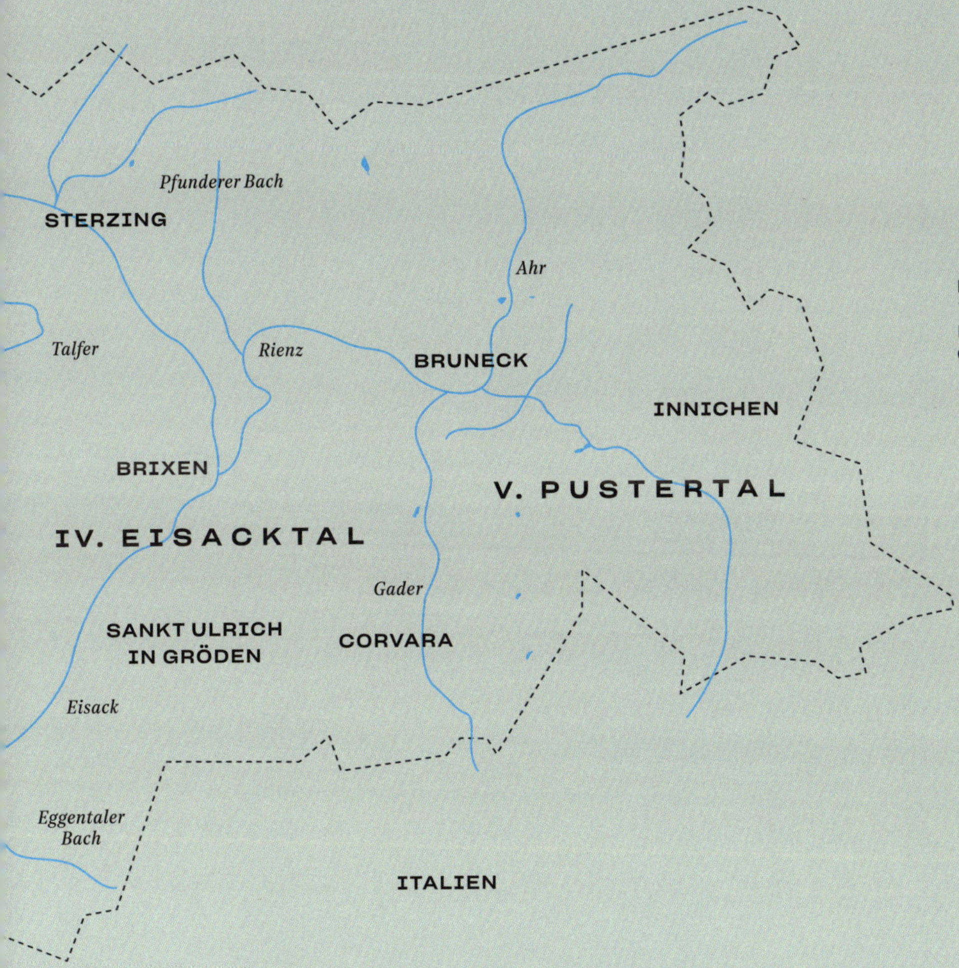

VINSCHGAU

Spiegelnde Wasser, aufgehende Sonne, den Ortler im Blick – die Reise in der Grenzregion kann beginnen: Kiten auf dem Haidersee, Skifahren auf der Haideralm, Flanieren durch Glurns, die kleinste Stadt Italiens; im Radsattel oder mit der Bahn gemütlich vorbei an Orten mit kuriosen Namen, die an die rätoromanische Vergangenheit erinnern, geblendet vom Marmor in Laas und Göflan, und weiter nach Latsch, Kastelbell, Naturns und ins Schnalstal. Der *Vinschgau* ist ein kantiges Tal, erstaunlich lang. Über 80 Kilometer erstreckt es sich vom Reschenpass bis zur Töll kurz vor Meran, gezeichnet von alten Bräuchen wie Scheibenschlagen oder Klosn sowie Neuem, Innovativem von Künstler*innen, Architekt*innen und Designer*innen, bekannt für seinen eigenwilligen Wind, der den Vinschger Zeitgeist gern in die Stadt und die Welt trägt.

DER WILDE WESTEN SÜDTIROLS

Vinschgau

AKTIV PARADIES IM DREILÄNDERECK

Reschenpass

ABGESCHIEDENE URSPRÜNGLICHKEIT

Schnalstal

VINSCHGAU

LOHNENDE BEGEGNUNGEN JENSEITS DER ÄPFEL

M

MAKER

1 **Lasa Marmo**
Laas

2 **Luggin**
Laas

3 **Biobrennerei Steiner**
Mals

4 **Oberniederhof**
Schnalstal

5 **Werner Schönthaler**
Eyrs

6 **Hofkäserei Englhorn**
Schleis

7 **Metzgerei Thialer Eugen**
Prad am Stilfserjoch

H

HÄNDLER

1 **Venustis**
Laas

2 **Tschenglsburg**
Tschengls

G

GASTGEBER

1 **Restaurant Kuppelrain**
Kastelbell

2 **Flurin**
Glurns

3 **Gasthof Jägerrast**
Schnalstal

4 **Fischerverein Prad am Stilfserjoch**
Prad am Stilfserjoch

U

UNTERKUNFT

1 **Brunnentalhof**
Laas

2 **Hotel Weisses Kreuz**
Burgeis

3 **Pension Feldgärtenhof**
Schlanders

4 **Benediktinerkloster Marienberg**
Mals

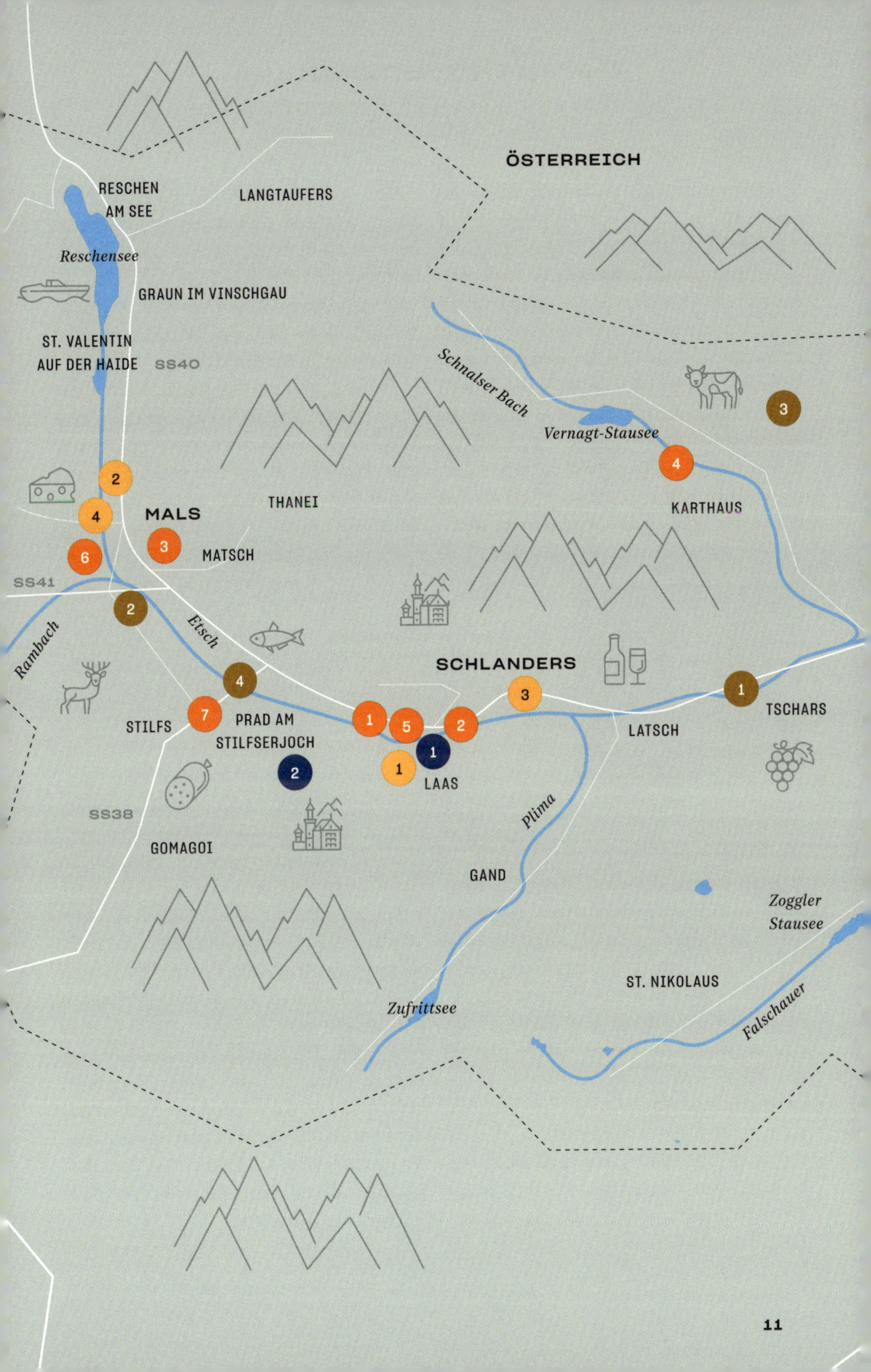
ÖSTERREICH
RESCHEN AM SEE
LANGTAUFERS
Reschensee
GRAUN IM VINSCHGAU
ST. VALENTIN AUF DER HAIDE
SS40
Schnalser Bach
Vernagt-Stausee
KARTHAUS
MALS
THANEI
MATSCH
SS41
Rambach
Etsch
SCHLANDERS
TSCHARS
STILFS
PRAD AM STILFSERJOCH
LATSCH
LAAS
Plima
SS38
GOMAGOI
GAND
Zoggler Stausee
ST. NIKOLAUS
Falschauer
Zufrittsee

Perspektivenwechsel

FREIWILLIGES ARBEITEN AUF SÜDTIROLER BERGBAUERNHÖFEN

So könnte Ihr Südtirol-Urlaub auch aussehen: Harte Arbeit statt Müßiggang, mit einfacher Kost und einem Tagesablauf, der sich einzig und allein nach den Sonnenstunden richtet. Inmitten der Natur und vor gewaltiger Bergkulisse Tiere versorgen, Locals kennenlernen und Beziehungen fürs Leben knüpfen. Abends erschöpft in die Federn fallen – und noch Wochen danach, längst zurück im Büro oder Home Office, sich an den Hof zurücksehnen. Weil die Arbeit dort mehr gebracht als Mühen gekostet hat. Und der eigene Kopf ein Stückchen freier war.

Wer sich schon immer mal gefragt hat, wie das Leben und Arbeiten auf einem echten Bergbauernhof jenseits der tausend Höhenmeter ist, der wende sich an die *Bergbauernhilfe*. Der gemeinnützige Verein nämlich kümmert sich um den Erhalt der Höfe – und damit auch um das eigene kulturelle Erbe. Hier werden die Bedingungen abgeklopft und bei echtem Interesse die infrage kommenden Höfe vermittelt. Minimum muss man eine Woche arbeiten, und das unentgeltlich. Was es am Hof zu tun gibt, steht auf den folgenden Seiten.

WEB
bergbauernhilfe.it
FACEBOOK
@BergbauernhilfeSuedtirol

Tatsächlich fehlen den Südtiroler Bergbauernhöfen durch Abwanderung junger Leute die anpackenden Hände. Der Preisverfall auf dem Agrarmarkt und die harte, aber relativ ertragsarme Arbeit hoch „droben" tun ihr Übriges. Seit 1996 versucht die Bergbauernhilfe dem entgegenzuwirken – ist ein Hof in erster Linie doch Heimat für die dort Lebenden. Aber auch ein Arbeitsplatz in und mit der Natur, der ganz nebenbei absolut notwendig ist für die „drunten" im Tale.

Arbeit gibt es das ganze Jahr über, Hauptsaison ist jedoch zwischen Juni und September, wenn die Ernte eingefahren wird. Dabei bleibt man in erster Linie draußen auf den Weiden oder in den Ställen. Aber auch in der Küche oder bei der Versorgung von alten und beeinträchtigten Hof-Bewohner*innen und Kindern kann Hilfe nötig sein. Das Einsatzgebiet richtet sich dann auch nach Talent und Eignung der Freiwilligen.

Angst vor Arbeit mit den eigenen Händen sollte man eher nicht haben. Zaunstangen entrinden, Heu wenden, Stall ausmisten und Tiere füttern, Kochen, Haushalts- und Gartenarbeit sind hier an der Tagesordnung. Nicht nur die Hände bekommen zu tun, es sind vor allem Geist und Herz, die hier nachhaltig wiederbelebt werden. Wenn Sie also beim nächsten Mal in Südtirol im Tal stehen, den Kopf in den Nacken legen und die majestätisch an den steilen Hängen thronenden Höfe erblicken, dann nehmen Sie doch dieses Buch einfach wieder zur Hand oder geben auf dem Smartphone bergbauernhilfe.it ein. Vielleicht ist das der Moment, in dem Ihre nächste „Urlaubsplanung" eine ganz neue Perspektive bekommt.

1 — Schweiß und Aussicht: „Heu machen“ am Hang
2 — Auch Beinarbeit ist gefragt

2

STALLARBEIT

Mit dem Gang in den Stall fängt der Tag an – und hört meistens auch damit wieder auf. Mit Ausmisten etwa zwischen den im Stall verbleibenden Kühen oder Ziegen. Auch hier kann man „Freundschaften“ knüpfen, vor allem, wenn es um das Füttern der Kälbchen geht. Eier aus dem Hühnerschlag einsammeln sowie die Huftiere pflegen, gehört ebenfalls zum Dienstplan. Melken ist nur an wenigen Höfen Teil des freiwilligen Arbeitseinsatzes. Das liegt ganz einfach daran, dass dies in der Regel Chef*innensache ist und außerdem viel Fingerspitzengefühl voraussetzt.

HEU MACHEN

Heu ist das Futter der Tiere. Vor allem im Sommer wird der Vorrat für die harten Wintermonate eingelagert. Damit nichts verrottet, muss das Heu selbstverständlich vorher in der Sonne getrocknet werden. Dort auf den steilen Hangwiesen, wo das Gras wächst, muss es nach dem Mähen gewendet werden, solange das Wetter stabil sonnig bleibt. So ganz ohne ist es nicht, den ganzen Tag am abschüssigen Hang mit der Heugabel zu hantieren. Obwohl Maschinen dabei helfen können, kommt hier tatsächlich vor allem die gute alte Handarbeit zum Einsatz – also an Handschuhe denken, um Blasen vorzubeugen!

HOLZARBEIT

Holz fungiert auf einem Bergbauernhof quasi als Universal-Material. Ähnlich wie beim Heu muss das Brennholz zum Heizen in den Sommermonaten gesägt, maschinell gespalten und anschließend eingelagert werden. Aber man braucht es auch, um Zäune aufzustellen: Durch die Last des Schnees oder zu Tal rutschende Lawinen werden jedes Jahr viele Zaunpfähle umgeworfen und so die Begrenzungen der Weideflächen für die Tiere zerstört. Die Begrenzungspfähle müssen natürlich vorher aus den Stämmen kleinerer Bäume erst hergestellt werden. Diese werden entrindet und angespitzt, auf den Berg transportiert und dann eingeschlagen. Der offenbar ganz simple Arbeitsablauf ist jedoch gleichzeitig der Muskelkater-Verursacher Nummer eins —so steht es zumindest in den vielen Erlebnisberichten von Berghelfer*innen.

HAUSARBEIT

Je nach Talent oder körperlicher Verfassung, aber auch je nach Wetter fallen drinnen und rund ums Haus genügend weitere Tätigkeiten an. Beispielsweise Kochen. Gerade wegen der vielen harten Arbeit sollte man dreimal täglich einige Kalorien zu sich nehmen. Natürlich gibt es auch ältere und sehr junge Hof-Bewohner*innen oder solche mit körperlichen Einschränkungen, die betreut werden müssen. Bauer und Bäuerin haben in der Regel draußen genug zu tun: Dazu gehört Holz in ofengerechte Scheite zu hacken und anschließendes Aufschichten ebenso, wie sich um den eigenen Anbau im Garten zu kümmern.

Kunigunde Weissenegger

POESIE- & KULTURBEGEISTERTE JOURNALISTIN UND ÜBERSETZERIN

Kunigunde Weissenegger ist Kuratorin und aktive Mitarbeiterin dieser Makers Bible. Die Südtirolerin ist Journalistin, Schreiberin und diplomierte Übersetzerin. Ihre Heimat sind die Berge, genauer ein kleiner Bergbauernhof in Völs unterhalb des Schlern. Die Berge, heimische Wälder und steile Wiesen prägten sie, Wiesenblumen und Bäume kennt sie beim Namen, die meisten Vögel an ihrem Ruf und Hühnern und Kühen zuzusehen ist ihre Meditation.

Der Umgang mit der Natur pflanzte ihr Neugier ein, die sie auch in der Fremde und großen Städten immer hinter das nächste vermeintliche Hindernis blicken lässt. Vor allem aber ist sie neugierig auf Menschen und deren Geschichten, die sie leidenschaftlich und überzeugend niederschreibt. Als PR-Frau fiel ihr damals die Aufgabe zu, der Welt den berühmtesten Südtiroler zu vermitteln: Ötzi, den Mann aus dem Eis.

WEB
franzlab.com
FACEBOOK
@joseftravelbook

„MORE THAN APPLES AND COWS"

Die Frau, die keine Angst vorm weißen Blatt hat gründete 2010 gemeinsam mit anderen Südtiroler Visionär*innen das erste mehrsprachige Online-Magazin für Kultur und Gesellschaft in Südtirol, Tirol und dem Trentino, woraus bald die Kommunikationsagentur und der Verlag *franzLAB – more than apples and cows* hervorging. Mit ihrer Partnerin Anna Quinz und einer grandiosen Crew verlegt sie unter diesem Dach einerseits diverse Publikationen und arbeitet andererseits als Dienstleisterin mit Unternehmen und Hotels in ganz Südtirol und darüber hinaus zusammen. Dabei ist die Bezeichnung „more than apples and cows" auch ein Slogan, der zusammenfasst, wie die beiden sich und ihre Geschäftspartner*innen sehen.

Auch der Münchner Teil des Makers Bible Teams lernte schnell, sich mit diesem Satz zu identifizieren, wollen wir doch mit unseren Empfehlungen ebenfalls abseits des Klischees Menschen mit ihren Erzeugnissen vorstellen, die in Südtirol so viel mehr sehen.

Kunigunde Weissenegger kommt beruflich viel herum zwischen Sterzing und Trentino, zwischen dem Vinschgau und dem Ahrntal; die Vertrautheit mit ihrer Heimat, ihre Leidenschaft für Geschichten und ihre Fähigkeit, nicht immer alles und sich selbst auch nicht allzu ernst zu nehmen, werten diese Ausgabe, so finden wir, definitiv auf.

Kunigunde Weissenegger schöpft ihre Kraft aus der Bewegung. Und dennoch findet sie: „Wir sollten alle viel mehr Gedichte lesen, hören und schreiben oder poetische Orte aufsuchen ..." Wo Letztere in Südtirol zu finden sind, hat sie uns auf den folgenden Seiten zusammengestellt.

KURATORIN

1

2

1 — JOSEF – Das Team, das hinter die Klischees blickt
2 — im Gespräch mit der dreifachen Eiskletter-Weltmeisterin Angelika Rainer

KUNIGUNDE WEISSENEGGER

TIMSHEL I

Hier kann sogar ich nicht anders, als in ein überaus romantisches *Geschwärm* zu verfallen: 2.150 Meter über dem Meeresspiegel, umgeben von der beeindruckenden Welt der Dolomiten, liegt im kleinen Bergsee namens Glittner See das hölzerne Segelboot *Timshel I* verankert. Ein Uni-Projekt konzipiert von Armin Blasbichler mit 25 Architektur-Studierenden unter dem Motto „Radikale Romantik". Das Herz geht auf und es strömt auch im tiefsten Winter einfach nur Hitze in die Atmosphäre.

Glittner See/Lüsen
studio.arminblasbichler.com

BASIS VINSCHGAU VENOSTA

Eher das Gegenteil von romantischer Postkartenidylle strahlt die ehemalige Militärkaserne in Schlanders aus. Inzwischen hat sich in einem der vier Gebäude auf 2.000 m² ein Social Activation Hub breitgemacht und bringt mit Clubbings, Coworking, Kultur- und Wirtschaftstreffs Inspiration ins Tal.

Kortscher Straße 97, 39028 Schlanders
basis.space — @basisvinschgauvenosta

GREITERHAUS

Elisabeth und Simon denken Landwirtschaft anders: Ihr Greiterhaus ist Hof, Feld und Garten, Gemüsekiste und Markt, Agri-Kultur und gutes Leben. Von Hand gesät und geerntet nach den Grundsätzen der Permakultur wachsen hier Gemüse und Kräuter, unbehandelt und frisch, wie Verszeilen eines Gedichtes.

Moosburgstraße 5, 39023 Laas
greiterhaus.com — @greiterhaus

VIOLETA NEVENOVA

Auch Mode kann poetisch sein: Jedes Kleidungsstück hat seinen Soundtrack – oder war's umgekehrt? Modedesignerin Violeta Nevenova jedenfalls entwirft und schneidert nach dem Motto „music and garb" (Musik und Gewand) außergewöhnlich auffallende Teile aus ausgewählten Textilien.

Silbergasse 5, 39100 Bozen
notjustalabel.com/violeta-nevenova
@violetanevenova

KUNSTRAUM CAFÉ MITTERHOFER

Gemeinsam mit geladenen Fotograf*innen schaffen es Manfred und Greti Mitterhofer mit ihren Ausstellungen immer Brennendes auf den Punkt zu bringen. *Mitterhofer* ist Kunstraum und Café und weit über Dorf- und Talgrenzen hinaus renommierter Bezugspunkt für zeitgenössische Fotografie.

Peter-Paul-Rainer-Straße 4, 39038 Innichen
kunstraum-mitterhofer.it

FRISÖR KAMM & SCHERE

Feinsinn, Geschick und Ästhetik sind neben den zwei wichtigsten Friseur-Werkzeugen – dem Kamm und der Schere – die Gefährten von Walli Stecher, wenn sie in der holzgetäfelten Stube aus dem 17. Jahrhundert Hand ans Haar anlegt. Poetisch!

Oberragen 13, 39031 Bruneck
kammundschere.bz — @frisor_kammundschere

GEDICHTE

Ich liebe die Poesie von Roberta Dapunt aus Abtei im Gadertal (zum Beispiel „Nauz") sowie von Sabine Gruber aus Lana (und in Wien zu Hause), zum Beispiel „Am besten lebe ich ausgedacht. Journal Gedichte". Beide vielfach ausgezeichnet und in diverse Sprachen übersetzt.

saav.it/de/autor-innen/roberta-dapunt
sabinegruber.at

Laaser Marmorindustrie GmbH

1

ADRESSE Marmorstraße 4, 39023 Laas — **T** 0039 0473 6266 24
IG @lasamarmo — **WEB** lasamarmo.it
FÜHRUNGEN marmorplus.it/marmor-erlebnistour/

Der bei *Lasa Marmo* gewonnene weiße Marmor ist buchstäblich ein Stück Südtirol für die Welt. Das wohl spektakulärste Bauwerk aus eben diesem besonders harten Marmor befindet sich am Ground Zero: die Oculus Station in Süd-Manhattan, wo einst die Twin Towers standen. Auch der Pallas-Athene-Brunnen vor dem Parlament in Wien oder das Queen Victoria Memorial vor dem Buckingham Place in London sind aus diesem erhabenen Vinschgauer Gestein.

Das Marmorwerk in Laas direkt an der Etsch allein ist schon eindrucksvoll – und obendrein ein logistisches Meisterwerk. So werden die geschnittenen Marmorplatten gescannt und können dann am Computer vollkommen digital für die Kunden-Projekte verplant werden. Anschließend wird alles in umgekehrter Reihenfolge „verpackt", damit die Platten am Bestimmungsort richtig herum ausgepackt und verbaut werden können.

Der Steinbruch liegt auf über 1.500 Metern inmitten des Nationalparks Stilfser Joch. Der Anblick ist atemberaubend, egal, ob man nur von der naturgewaltigen Ästhetik des Gesteins fasziniert ist oder auch die Kühnheit der Brucharbeiter – und seit 2021 auch der ersten Brucharbeiterin – bewundert, die hier das weiße Gestein aus dem Bruch heben.

In den Bruch selbst kann man leider nicht, aber touristische Marmorführungen bis vor den Eingang bietet der Verein Marmorplus an.

HITACHI

Luggin - Kandlwaalhof

2

ADRESSE Unterwaalweg 10, 39023 Laas — **T** 0039 0473 6266 27
IG @lugginkandlwaalhof — **WEB** luggin.net

Bis Ende des letzten Jahrtausends war der Hof der Familie Luggin noch ein konventioneller Obsthof mit überwiegendem Anbau von Äpfeln. Aus Sorge um die Natur und deren Vielfalt stellte man 1999 auf bio um. Auch den Weg in die Apfel-Genossenschaft sollten die Äpfel nicht mehr nehmen. Aus Liebe zur bäuerlichen Landwirtschaft und den eigenen Gewächsen entschloss sich die Familie Luggin am *Kandlwaalhof,* ihre Äpfel, Birnen, Aprikosen und Erdbeeren nun selbst zu verarbeiten, zu veredeln und zu vermarkten. Dazu kam der Senf. Und da Senf nur zwei Jahre in Folge wächst, kam für die Zwischenzeit Mais dazu.

So kann man im Hofladen des Kandlwaalhofs rein biologische Produkte kaufen und bekommt auf Wunsch Einblicke in die Produktion, da alles vor Ort gemacht wird: Der Apfelsaft ist naturtrüb und wird lediglich pasteurisiert, die Trockenfrüchte sind alle vom Hof. Vor allem die blutrote Apfelsorte Weirouge ist spektakulär in Farbe und Geschmack. Aromatisierte Essige und Senf runden das Sortiment ab. Ach ja, und aus dem Mais wird Popcorn gemacht.

Biobrennerei Steiner & Biohotel Panorama

3

ADRESSE Staatsstraße 3, 39024 Mals — **T** 0039 0473 8311 86
FB @biobrennerei — **WEB** biobrennerei.it

Edle Biobrände und -liköre mit eigenen und zugekauften Beeren und Früchten aus der Umgebung von Mals im oberen Vinschgau. Als Grundlage dienen oft alte Sorten wie die Palabirne oder traditionelle wie die Vinschger Marille, aber auch Vogelbeere, Rosenmuskateller, Holunderbeere oder Quitte. Ganz besonders fein sind auch die Grappas aus Lagrein, Gewürztraminer oder Merlot Trauben. Liköre basierend auf Erdbeere, Heidelbeere oder Gewürztraminer und die jüngste Kreation, ein eigener Gin, runden das Sortiment ab.

Die Brennerei des leidenschaftlichen Brenners und Hausherren Friedrich Steiner befindet sich im *Biohotel Panorama* direkt an der Staatsstraße. Dennoch keine Angst: Terrasse und Garten gehen nach hinten raus und bieten Entspannung beim Klang zwitschernder Vögel. Wer also die Verköstigung gerne ausgiebiger gestalten möchte, quartiert sich am besten gleich im ersten Biohotel Italiens ein und genießt die feine Bioküche mit wunderbarer Aussicht.

Oberniederhof – Familie Tappeiner

4

ADRESSE Unser Frau 34, 39020 Schnalstal — **T** 0039 3357 0867 86
IG @oberniederhof — **WEB** oberniederhof.com

Am *Oberniederhof* im Schnalstal ist alles, so finden wir, wie es sein soll. Das Ensemble des Hofs besteht aus drei Gebäuden aus alter Zeit. Das Haupthaus wurde im 13. Jahrhundert erbaut. Von außen traditionell, von innen modern im alpenländischen Stil. Geschmackvoll, viel Holz, reduziert aufs Wesentliche. Die Apartments bieten bis zu fünf oder acht Personen komfortabel Platz.

Was am Hof der Familie Tappeiner vor allem so ist, wie es sein soll, ist der gesamtheitliche Ansatz der Landwirtschaft. Auf dem ArcheHof wird Arterhalt und -vielfalt aktiv gelebt. Das Tiroler Grauvieh darf die Hörner behalten, hat Platz und Auslauf und die Kälber verbringen die ersten Monate bei ihrer Mutterkuh, bevor es in den „Kindergarten" geht. Tiroler Grauhvieh mag keine Hochleistungsrasse sein, aber die stämmigen Beine sind trittsicher im Gebirge und auf den Hochalmen. Und das Fleisch ist, auch weil die Tiere natürliches Futter bekommen, eine Delikatesse.

Diverses Federvieh liefert schmackhafte Eier, die niedrig im Cholesterin sind. Quirlige Schwäbisch-Hällische Landschweine liefern Fleisch für Speck und Wurst (ohne Nitritsalz) – neben einer Menge Unterhaltung. Im Hofladen werden die Produkte nur ein paar Schritte entfernt von den Ställen angeboten, und immer nur das, was gerade da ist.

KNUT

Werner Schönthaler

5

ADRESSE Vinschgauer Straße 33, 39023 Eyrs — **E-MAIL** werner@schoenthaler.com
IG @wernerschonthaler — **WEB** hanfstein.eu

Werner Schönthaler, Spross einer Bauunternehmer-Dynastie in Eyrs, ist ein Mann, der sein Leben gründlich umgedacht hat. Beim Skitourengehen stürzte er ab und sitzt danach lange Zeit im Rollstuhl – es braucht, so viel sei hier vorweggenommen, fast ein Jahr, bis er wieder gehen kann.

Genau in diese Zeit fällt jene Phase des Grübelns. Schnell kommt er zum Schluss, dass es so wie vor dem Unfall nicht mehr weitergehen kann. Das bezieht er auf das Bauunternehmen, welches er mitverantwortet, und die umliegende Natur. In ihm reift die Idee, den umweltschädlichen Beton mit Ziegeln aus Hanf zu ersetzen. Nach vielen unzähligen Versuchen gelingt es ihm letztendlich, große Teile der Ziegelproduktion durch Hanf-Steine ersetzen zu können.

Diese Pionierleistung wurde 2022 mit dem Deutschen Nachhaltigkeitspreis Design ausgezeichnet, nicht zuletzt aufgrund der guten CO2-Bilanz und der Dämmfähigkeit dieses Baumaterials. Die Puni Destillerie in Glurns etwa ist ebenfalls mit seinen Ziegeln ummantelt.

Für Werner bleibt Nutzhanf das Material der Zukunft. Auf seinem Berghof organisiert er Workshops und zeigt, wie vielseitig dieses Material war und wieder sein kann. Von Textilien über Kosmetik bis zu Akustikpaneelen entstehen immer mehr Innovationen mit diesem nun wieder heimischen Naturstoff.

Hofkäserei Englhorn

6

ADRESSE Schleis 8, 39024 Mals — **T** 0039 0473 8353 93
WEB englhorn.com

Allein die Gold-Auszeichnungen, welche die Käse der *Hofkäserei Englhorn* erhalten haben, sprechen für sie: Der „International organic cheese award", „Italian cheese award", „World cheese award" und eine Goldmedaille bei der „Olympiade der Käse".

Viel bemerkenswerter als der goldene Schein ist allerdings das gelebte Sein: Als die Käserei neu gebaut werden musste, schlug Alexander Agethle den Nachbarn einen Deal vor. Wer 500 Euro gibt, bekommt zehn Jahre lang jedes Jahr einen Gutschein für Käse, Milch und Butter über 50 Euro. Da Alexander nicht nur einen guten Leumund hatte, sondern auch mit seinem Konzept des ganzheitlichen, biologischen Kreislaufs überzeugte, waren schnell nicht nur unmittelbare Nachbarn zu „Investor*innen" geworden, die nun als „Aufsichtsrät*innen" die Qualität ihrer Käserei im Auge behalten.

Der Grundgedanke, den Alexander umgesetzt hat, ist der, dass ein gesunder Boden gesunde, vielfältige Pflanzen hervorbringt. Diese Naturkost ergibt nebst artgerechter und würdiger Viehhaltung gute Milch. Und nur wirklich gute Milch kann guten Käse ergeben. Der Rest ist Sorgfalt, Erfahrung, Leidenschaft – und eine gute Gemeinschaft. Hinfahren und probieren, denn dieser Käse wird nicht in ferne Länder exportiert (dazu ist er zu gut!).

Venustis - Schmuck und Schokolade

1

ADRESSE Vinschgaustraße 10, 39023 Laas — **T** 0039 0473 6265 85
IG @venustis — **WEB** venustis.it

Wenn man durchs mittlere Vinschgau fährt, erblickt man neben den Ortseinfahrten in Laas je eine Marmortafel, auf der steht: „Laas – Marmor und Marillen". Man könnte es sich einfach machen und so das Konzept von *Venustis* herleiten. Venustis ist eine kreative Mischung aus eigener Schmuckproduktion aus reinweißem Marmor einerseits und Schokoladen andererseits, deren Füllungen aus Fruchtmus – Marillen, Erdbeeren, Birnen aus dem eigenen Garten –, der eigentliche Clou sind.

Der Schmuck aus dem edlen Stein (nicht Edelstein) werden hier handgemacht und im Ladengeschäft, nebst lokalen Erzeugnissen, angeboten. Inhaber Thomas Tappeiner ist zudem Vorsitzender der „Genossenschaft zur Steigerung der Wertschöpfung aus dem Laaser Marmor" und so auch gleich Tour Guide der Laaser Marmor Genusstour, einer Mischung aus Einblicken in die Marmorverarbeitung und Verkostungen der fruchtigen Genüssen des Vinschgaus, umhüllt von Schokolade.

Tschenglsburg - Karl Perfler

2

ADRESSE 39023 Tschengls — **T** 0039 3200 8291 65
WEB karlperfler.com

Ein Unikum ist er, dieser Karl Perfler. Ein Mann mit Haltung und starker Meinung. Wenn der Philosoph, wie sie ihn hier alle nennen, spricht, dann hört man unweigerlich zu. Zwar dürfte er die 70 überschritten haben, seine Augen und sein Lächeln aber sind immer noch jung.

Von seiner Burg im hinteren Vinschgau aus schaut Karl direkt ins Tal. Was er dabei zu sehen bekommt, bereitet ihm Sorgen: Monokulturen und das Immer-schneller-immer-Mehr vieler seiner Tal-Mitbewohner. Vor lauter Äpfeln hat man etwa das Korn vergessen. Das fiel Karl als Erstem auf und so startete er eine Initiative, um wieder Getreide in Südtirol anzubauen – der Grundstoff für das Wichtigste aller Nahrungsmittel, nein ausnahmsweise nicht Pasta (aber auch), sondern von Brot. Vinschgerl und Schüttelbrot wurden kaum noch mit hiesigem Getreide gemacht. Dank der Überzeugungsarbeit von Karl Perfler ist das jetzt wieder anders. Neun Sorten sind es mittlerweile von Feldern aus ganz Südtirol.

So kann man auf der *Tschenglsburg* – Kultur und Gastronomiebetrieb – Getreideprodukte wie Mehl und Pasta („Insere Nudeln“) kaufen und beim Wein dem Perfler Karl zuhören (er ist immer noch gebuchter Redner auf Kongressen und bei Seminaren) und über die Überbewertung des Habens und die Vernachlässigung des Seins sinnieren.

7 METZGEREI THIALER EUGEN

Fleisch ohne Theke

Eugen Thialer und Sohn Gabriel sind Metzger aus Leidenschaft. Das schließt vor allem ein, dass sie den Tieren, die sie im eigenen Betrieb schlachten, lange Wege und Stress ersparen. Intensiver Kontakt und lange Beziehungen zu den Bauern machen dies möglich. So werden nur einheimische Rinder und Schweine zu Speck oder zu Würsten verarbeitet und geräuchert.

Wer die traditionsreiche Familienmetzgerei besuchen will, sollte nicht nach einem Laden Ausschau halten, denn verkauft wird im Hinterhof. Da hier keine Massen verarbeitet werden, kommen die Thialers auch ohne Fleischtheke aus.

Sandweg 7, 39026 Prad am Stilfserjoch (BZ)
Tel: 0039 3472 2324 85, Web: metzgerei-thialer.com

TIPP

BAHNREISE NACH SÜDTIROL

Bahnreisen ist in aller Munde. Umweltschonend, entspannt, staufrei. Theoretisch. Mit dem Zug nach Südtirol zu gelangen, geht – sogar recht günstig. Dann meist von Bozen weiter in eine bestimmte Region zu kommen, ist ebenfalls gut machbar. Innerhalb der Region auf den gleichen Zug auf- und von ihm wieder abzuspringen ist super leicht (z. B. Vinschgaubahn) auch mit dem Rad. Komplizierter ist der Transport zwischen den Regionen. – immerhin lernt man dabei Bozen jedes Mal ein Stück besser kennen.

Wer also schon immer mal das eigene Auto daheim lassen wollte, einfach mal ausprobieren:

Diese beiden Links fassen das Bahnangebot nach/von Südtirol zusammen:

suedtirol.info/de/informationen/anreise/mit-dem-zug

bahn.de/angebot/sparpreis-flexpreis/sparpreis-europa/kampagne/suedtirol

Vor Ort lädt man sich am besten diese App herunter:

südtirolmobil - altoadigemobilita

Ob man nun von München anreist (auch immer einen Aufenthalt wert), schlafend und ausgeruht per Nachtzug, am Transfer in Südtirol interessiert ist oder über Österreich oder die Schweiz kommen möchte, viele Schienen führen nach und durch Südtirol.

Mit der Kombination Bahn und Rad oder E Bike kommt man wirklich überall hin, auch an die weniger überlaufenen Ziele in diesem Buch.

Restaurant Kuppelrain

1

ADRESSE Bahnhofstraße 16, 39020 Kastelbell — **T** 0039 0473 6241 03
IG @kuppelrain — **WEB** kuppelrain.com

Im *Kuppelrain* kann man nicht nur Sterneküche genießen, sondern vor allem einem beständigen Familienbetrieb bei der Arbeit zusehen. Hier sind nicht nur die Teller, sondern vor allem auch das Team ausgezeichnet.

Schon 1995 erhielt das Restaurant die Auszeichnung „Wirtschaften mit der Natur". Dass man Vorreiter ist, nimmt die Familie nicht so wichtig, dass es Menschen und Tieren wohl ergeht, jedoch schon. Eigenes Federvieh unterschiedlichster Rassen liefert Eier in vielen Farben und Größen. Saisongerecht fangen Vater Jörg Trafoier mit Sohn Kevin und Jungkoch Wule in der Küche nicht nur die Geschmäcker des Vinschgau ein, sondern auch dessen Duft. Ob Vinschgauer Spargel oder Lamm von den Hochweiden, Kräuter oder Gemüse aus dem eigenen Garten: Alles wird mit Respekt behandelt.

Nathalie, die ältere Tochter des Hauses, zaubert anmutige Confiserie und teilt Rezepte ihrer süßen Kreationen auf der Website des Kuppelrain. Die jüngste Tochter Giulya hilft überall, um später mal die Aufgaben ihrer Mutter Sonya zu übernehmen. Sonya wurde für ihre verlässliche Weinkompetenz und besonders den Mut, junge Winzer ins Glas zu bringen, mit dem „Michelin Sommelier Award Italia 2022" bedacht – sie ist damit die erste Frau, die diese Auszeichnung erhalten hat. Seinen Restaurantstern hält das Kuppelrain übrigens seit 2001 durchgehend.

Flurin

2

ADRESSE Laubengasse 2, 39020 Glurns — **T** 0039 0473 4281 36
IG @flurins.turm — **WEB** flurin.it

Hinter den dicken Steinmauern eines der ältesten Glurnser Häuser hat sich in den Jahrhunderten seines Bestehens seit dem frühen 13. Jahrhundert so einiges abgespielt: Der *Flurinsturm* war Gericht, Gefängnis und Wechselstube, kaiserliche Herberge und Dorftischlerei. Der Name geht auf den im 14. Jahrhundert im Gebäude ansässigen Richter Flurin von Turm zurück.

Thomas Ortler, Chefkoch, Gastgeber und Besitzer des *Flurin*, serviert gern weitere geschichtliche Details, denn er ist auch Historiker. Nach seinem Studium in Wien und Berlin lernte er in bekannten Sterne-Restaurants, wie im Cinco by Paco Perez in Berlin oder im Restaurant von Konstantin Filippou in Wien. Er beschloss nach seiner Rückkehr nach Glurns, seinen eigenen Gastbetrieb zu eröffnen. Ein Glück, dass der *Flurinsturm* zum Verkauf stand und nun nach einer Komplettsanierung mit Fokus auf Bewahrung auch für Gäste zugänglich ist.

Heute ist der Turm Restaurant, Bar und Unterkunft mit sechs Suiten, deren Zimmernummern die Glurnser Stadtgeschichte erzählen. Eingeschenkt werden vor allem regionale Bio- und Naturweine, in der Küche leidenschaftlich Gerichte mit hochwertigen Zutaten der Jahreszeit zubereitet, von den Böden und den Höfen der unmittelbaren Region stammen.

3 GASTHOF JÄGERRAST

Fast schon ein Klischee

Ein Südtiroler Berghof wie aus dem Bilderbuch: Sonnengebräuntes Holz, uralt, im Sommer üppige Blumen samt Prachtgarten vor einer imposanten Bergkulisse. Drinnen erschwingliche, einfache Zimmer und natürlich eine Speisenkarte, wie man sie in Südtirol erwartet, dazu eine hofeigene Käserei.
Das Pfossental ist ein Nebental des Schnalstals. Der Gasthof liegt genau am Meraner Höhenwanderweg, dort, wo die Straße aufhört.

Pfossental, 39020 Schnalstal
Tel: 0039 0473 6792 30, Web: jaegerrast.com

1 BRUNNENTALHOF

Landurlaub

Wer auf einem leeren Blatt Papier seinen Landurlaub in Südtirol malen müsste, der kann sich die Blaupause eigentlich direkt bei Familie Puintner abholen. Auf ihrem biologisch bewirtschafteten Obstbauernhof vermieten sie nämlich zwei gemütlich ausgestattete Wohnungen samt Wohnküche in einem ruhigen Eck von Laas. Im riesigen Garten darf gespielt und sich gesonnt, aber auch einfach die Stille mit Blick auf die Berge genossen werden. Im Winter gehts auf die Ski oder den Rodel, im Sommer ist es möglich, bei der Apfelernte zu helfen. So geht Landurlaub.

Brunnentalweg 10, 39023 Laas
Tel: 0039 0473 628145, Web: brunnentalhof.com

Hotel Weisses Kreuz

2

ADRESSE Burgeis 82, 39024 Burgeis/Mals — **T** 0039 0473 8313 07
IG @weisseskreuz — **WEB** weisseskreuz.it

Das *Hotel Weisses Kreuz* – ein Name, der immer schon für erholsame Ferien in Südtirol steht und ein ehrliches Ziel für alle ist, die herzliche Gastfreundschaft mit gutem Essen und Trinken verbinden möchten. Sowohl das Hotel Weisses Kreuz als auch der Ansitz zum Löwen sind geschichtsträchtig. Das von der Familie Theiner geführte Hotel geht ständig mit der Zeit: Vom Dorfladen zum Bauernhof, vom Restaurant zum Gasthof – das Haus hat schon vieles erlebt.

Bereits 2013, als der Ansitz zum Löwen aus seinem Dornröschenschlaf geweckt und das Weisse Kreuz umgebaut wurde, waren das Architektenteam Marx/Ladurner an der Seite der Familie Theiner. Dies hat sich auch beim aktuellen Umbau nicht geändert. Ein weiteres Mal erlebt man hier eine qualitative Metamorphose. (Im Bild: eine Projektion, wie es bald aussehen wird.) Im Wellnessbereich entsteht ein neues helles „Wohnzimmer“ mit Wintergarten und Panoramablick. Der (heimliche) neue Star ist allerdings der 20 Meter lange Infinity-Pool im Garten. Ein neues Zuhause findet die Seele im Yoga- und Meditationsraum. Doch auch die kulinarische Geschichte ist noch nicht fertig erzählt. Zusätzlich zum bereits ausgezeichneten Hotelrestaurant entsteht ein kleines, exklusives Gourmetrestaurant. Hier werden Produkte aus eigener Landwirtschaft gepaart mit Geschmäckern aus aller Welt.

Pension Feldgärtenhof

3

ADRESSE Drei-Kreuz-Weg 4, 39028 Schlanders — **T** 0039 0473 7304 03
IG @pensionfeldgaertenhof — **WEB** feldgaertenhof.com

Garten, Balkon, Aussicht, Liegestühle, Holzkohlegrill, Frühstück auf der Terrasse und zwei, die selbst viel herumgekommen sind und nun ihren Gästen (am liebsten von überall her) die eigene Kultur erzählen. Sie zeigen ihnen, was sie selbst gern mögen und sie sogar mit Einheimischen vernetzen. Robert ist Vollblutgastronom und hat schon in diversen bekannten High-Class-Hotels gearbeitet. Im *Feldgärtenhof* trifft man ihn aber auch an der Rezeption, beim Frühstückservieren und an der Bar an. Carina ist PR-Fachfrau und Netzwerkerin mit Erfahrung im Gesundheitsmanagement und im Sport. Sie checkt sowohl das Wachstum der Erdbeeren und Karotten im Garten als auch besondere Gästewünsche und verrät gern das ein oder andere lauschige Plätzchen.

Ob Coworkation Packages (in Zusammenarbeit mit BASIS Vinschgau Venosta, Seite 18), Yoga Retreats, Business Trips oder Familienurlaub – spezielle Urlaubspakete für Gäste zu schnüren, ist beider Steckenpferd. Garten, Terrasse und Stube mit Bar können auch exklusiv gemietet werden. Zum Frühstück gibt's ausschließlich Regionales von befreundeten Produzenten*innen. Vormittags arbeiten und am Nachmittag tourenbiken oder trailrunning, wandern oder schlendern. Abends grillen, törggelen oder sonst wie feiern. A residence for active people, workationists and pleasure seekers.

4 ### KLOSTER MARIENBERG

Ein Ort der Kraft und Stille

Kommt man von Nordenwesten nach Südtirol über den Reschenpass und hat diesen hinter sich gelassen, sieht man rechter Hand die weiße Benediktinerabtei Marienberg am Hang thronen. Im angeschlossenen Gästehaus stehen einfache Zimmer mit Bad zur Verfügung. Spannend ist der Gegensatz von historischem Gemäuer und modernisierter Innenausstattung in einem ruhigen Winkel des Vinschgaus mit göttlicher Aussicht.

Benediktinerstift Marienberg, Schlinig 1, 39024 Mals
Tel: 0039 0473 8439 80, Web: marienberg.it

4 ### FISCHERVEREIN PRAD AM STILFSERJOCH

Für Selbstversorger

Sie sind mit dem Camper da oder haben eine Ferienwohnung und wollen die Liebsten mit einem selbst geangelten und von eigener Hand ausgenommenem Fisch auf dem Grill überraschen? Dann sollten Sie sich an den Fischerverein Prad wenden. Der stellt gerne Tageslizenzen zum Angeln in einem seiner vier Teiche aus. Forellenangeln etwa für einmalig 18 Euro. Sollte es der Angelgott wider Erwarten nicht ganz so gut meinen, dann genießt man einfach die Ruhe bei sensationeller Aussicht. Und wenn gar nichts anbeißt: Das Fischerstüberl auf gleichem Grund bietet neben Fischgerichten eine überaus abwechslungsreiche Speisenkarte.

Kiefernhainweg 115, 39026 Prad am Stilfser Joch
Tel: 0039 3473 4220 60, Web: fischerteich.com

TIPP

WAALWANDERUNGEN

Im Vinschgau ist Wasser knapp. So wird schon seit dem 13. Jahrhundert Wasser an den Flanken durch Waale entlang der talseitigen Hänge abgeleitet. Ideal zum Wandern, denn die Bäume, die dank des Wassers gewachsen sind, spenden Schatten und das Wasser verschafft Kühlung. Höfe bieten Obst, Vesper und Wein.

ALGUNDER WAALWEG

Der Einstieg ist einfach mit dem Bus zu erreichen. Meist geht es durch Apfel- und Weingärten. Höfe und Schenken laden zum Laben und Verweilen.
algund.info

JUVAL BIS KASTELBELL

Ein Shuttle zu Reinhold Messners Burg Juval überbrückt die Höhenmeter zum östlichen Ausgangspunkt. Ob man die Residenz des berühmtesten Bergsteigers besichtigen kann, hängt von den Öffnungszeiten ab. Der Waalweg (geht links nach Westen ab) ist dem Personenkult vorzuziehen oder sollte diesen abrunden. Mit der Vinschgaubahn kommt man wieder zum Startort.
vinschgau.net

VILLANDERER WAALWEG

Auch im Eisacktal gibt es einen Waal. Ein Rundweg dessen End- und Zielpunkt der Samberger Hof ist. Die Wanderroute ist bestens markiert und überwindet nur 350 Höhenmeter.
planetoutdoor.de

LE GRAND TOUR. MERANER WAALRUNDE

Wer einmal an einem Waal gewandert ist und die Vorzüge erlebt hat, will vielleicht mehr: Die Meraner Waalrunde verbindet elf Waale auf einer Länge von 80 km.
merano-suedtirol.it

MERANER LAND

Elegant und fürstlich, lässig und entspannt. *Meran* ist ein Freigeist und das Tor zum Wilden Westen. Einst lockte das schöne Städtchen mit Thermalbädern Menschen verschiedenster Couleur. Schriftsteller*innen, Kunstschaffende und allerlei Aristokratie suchten hier Linderung für körperliche und seelische Schmerzen. Die Schönheit ist geblieben. Heute feiert Meran Feste, Märkte und Parties, man flaniert unter Palmen-Promenaden entlang, stürmt Eisdielen, Kunsträume, raffinierte Boutiquen und alteingesessene Läden, zelebriert die kulinarische Szene. Hand in Hand gehen Retro-Schick und Zeitgenössisches im Takt mit der Zeit. Während es in der Stadt brodelt, leuchten rundherum die Berge silbern und die Hügel grün oder weiß, locken in die Höhe, hinein in die Seitentäler, weg von Mondänem, hin zu Ruhe und Wald.

KUR- UND KULTURORT

Meran

MEHR ALS NUR VORORTE

Meraner Land

KULINARISCHES EPIZENTRUM

Lana & Etschtal

MERANER LAND

STIL UND GENUSSGEGEND

M

MAKER

8 5ifty 8ight Chocolate
Meran

9 Dimitri
Meran

10 FORNO Ivo de Pellegrin
Meran

11 goldkorn. - Manuela Mair
Gargazon

12 glücklich
Meran

13 Spinnradl
Passeiertal

H

HÄNDLER

3 Lichtstudio Eisenkeil
Marling

4 Be more Store
Meran

5 Sapple
Lana

6 The Monocle Shop
Meran

G

GASTGEBER

5 Im Kult
Marling

6 Miil
Tscherms

7 Zur Blauen Traube
Algund

U

UNTERKUNFT

5 Ottmanngut
Meran

6 1477 Reichhalter
Lana

7 Schwarzschmied
Lana

8 Villa Arnica
Lana

9 VillaVerde
Algund

10 Villa Fluggi
Meran

11 franz&mathilde
Tisens

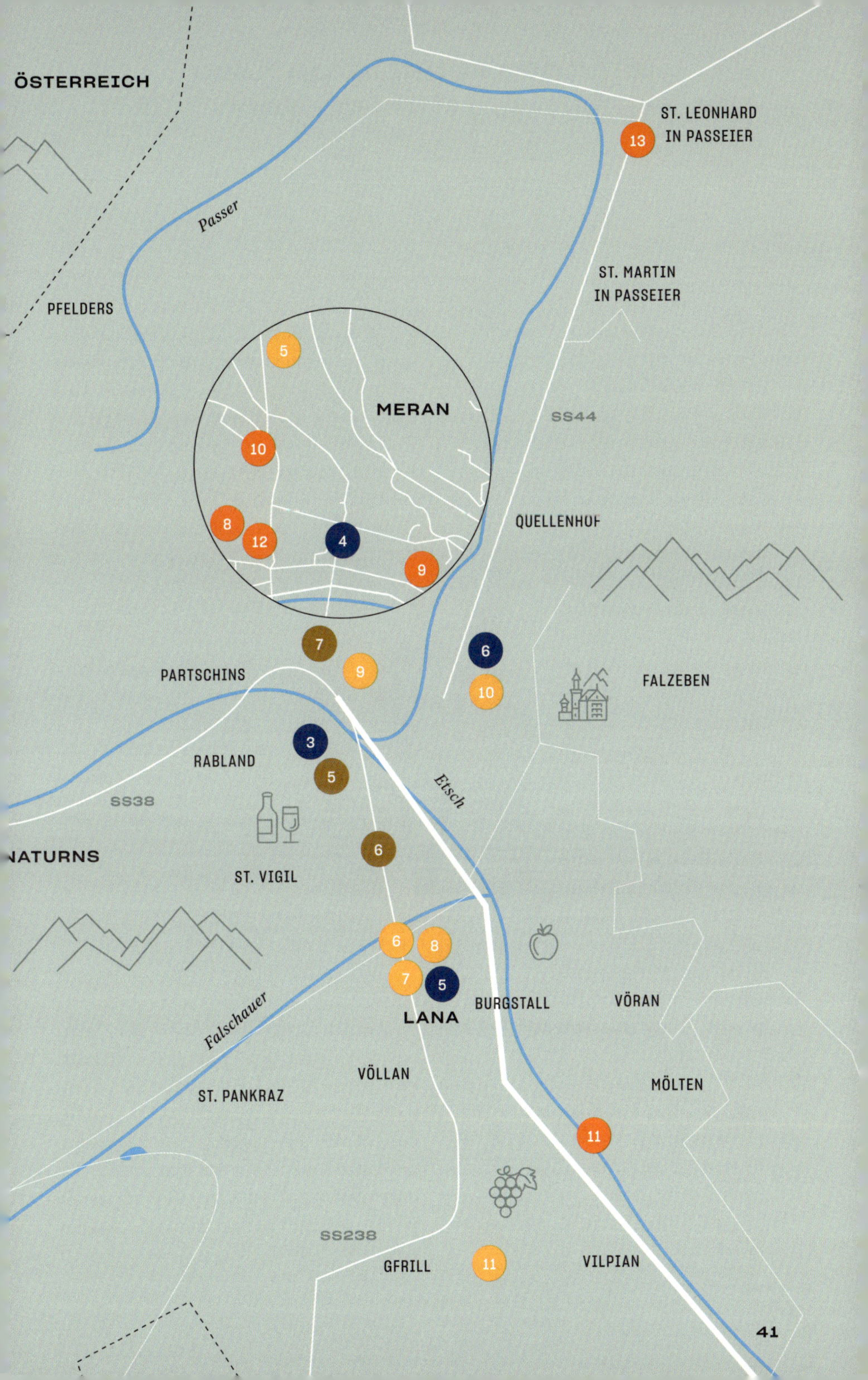
ÖSTERREICH
ST. LEONHARD IN PASSEIER
13
Passer
ST. MARTIN IN PASSEIER
PFELDERS
5
MERAN
SS44
10
QUELLENHOF
8
12
4
9
7
6
9
PARTSCHINS
10
FALZEBEN
3
RABLAND
5
Etsch
SS38
6
NATURNS
ST. VIGIL
6
8
7
5
BURGSTALL
VÖRAN
LANA
Falschauer
VÖLLAN
MÖLTEN
ST. PANKRAZ
11
SS238
GFRILL
11
VILPIAN

Dimitrios Panagiotopoulos

MODESCHÖPFER - REISENDER - KOSMOPOLIT

Dimitrios Panagiotopoulos ist Modeschöpfer. Sein Label „Dimitri — Made in Italy“ beschreiben wir auf den Seiten 52-53. Seine überwiegend weiblichen Kollektionen haben einen bestimmten Frauentyp im Auge, wenn er zeichnet und sich inspirieren lässt: Es ist die kosmopolitische, stilbewusste Frau.

Obwohl in Meran ansässig, nennt er das Label ausdrücklich „Made in Italy“. Sein Studium, seine Auslands-Engagements als Designer, seine Sommer in Athen, *Dimitrios* ist kein Südtiroler mit Leib und Seele. Das macht ihn nicht automatisch zum *enfant terrible* in Meran und Bozen, aber herausstechen tut er dort schon. Mit Geist und Haltung. Er kann die Heimat nur lieben, wenn er ihr ab und an den Rücken kehren kann.

Es ist die weltgereiste Frau, der er in seinen Kollektionen schmeicheln will. Die Voraussetzung für den Modeschöpfer ist eben auch, sich immer wieder aufs Neue darauf einzulassen und in der Definition des Kosmopolitischen eben einen Schritt voraus zu sein. Was macht man da am besten? Genau, man schert sich nicht darum, was andere tun, sondern geht selbst in die Welt hinaus und inspiriert sich.

Mailand, Paris, London, München oder Berlin und selbstverständlich Athen sind seine unmittelbaren Metropolises. Reisen nach Afrika, Indien, den Nahen und Fernen Osten sind dann Ziele, wo an die nächsten Kollektionen gedacht wird.

Und in Meran? Er liebt Südtirol, weil er dort aufgewachsen ist, aber weiß, dass der Horizont hier oft vom schroffem Fels verstellt ist und die Freiheit auch mal einschränkt. Und was macht er, wenn er terminlich nicht ‘raus kann? Klar, er feiert oder inspiriert sich in guter Gesellschaft und gönnt sich Genüsse, die eben nicht nach Südtirol schmecken, das Regionale, das Lokale so zwingend zelebrieren, sondern sucht auch mal das leicht exotische oder kosmopolitische. Den Duft der weiten Welt —der weht auch in Südtirol ... auf den folgenden Seiten.

WEB
bydimitri.com

INSTAGRAM
@bydimitri

DER DUFT DER WEITEN WELT WEHT AUCH IN SÜDTIROL

1 — Im Fokus: die kosmopolite und stilbewusste Frau

DECANTEI, BRIXEN

Eingefärbtes Glas für die Fenster und Messing für die Türen, ein Labyrinth an Gewölben und Innenhöfen. In Sachen Style ist die *Decantei* wirklich herausragend in Südtirol und dennoch ist es, was es angibt zu sein: ein Wirtshaus. Mit hervorragender Speise- und Weinkarte. Zusatz: und mit sehr sympathischem Personal.

Hartwiggasse 5, 39042 Brixen
decantei.it

PHILIAZ, KALTERN

Ich mag den Kontrast. Hier ist die Küche exotisch, die Drinks, wenn man will auch, nicht die ganze Weinkarte ist von Südtirolern besetzt — und dennoch ist man in Kaltern, mit Blick auf dem See. Das Sushi ist wirklich fantastisch und so stillt man hier das kulinarische Fernweh.

Weinstraße 9, 39052 Kaltern
philiaz.com

COSMO, BRUNECK

Hier wird kulinarisch über den Tellerrand hinaus geschaut, auch in der Art, wie es serviert wird, zum Beispiel „Sharing Meals“. Alles sehr unerwartet, wenn man bedenkt was sonst dahinter steckt, wo vorne „Hotel zur Post“ darauf steht. Dieser hier in Bruneck ist definitiv ein kosmopolitischer Ort, wo man ihn nicht vermutet.

Graben -9, 39031 Bruneck
cosmo-bruneck.com

META, BOZEN

Der Südtiroler in mir weiß, dass die Südtiroler durch die hohen Berge manchmal eingeengt sind. Da tut es gut über den Dächern — und buchstäblich über den Dingen — der Stadt den Abend in guter Begleitung zu verbringen. Die „global tastes“, ob an der Bar oder im Restaurant sind für mich willkommene Abwechslung zu ewig Lokalem.

Waltherplatz 13-1, 39100 Bozen
meta-restaurant.com

TRAUTI, MERAN

Hier bin ich gern, weil man sich bei Freunden zu Hause fühlt. Warum es kosmopolitisch ist, obwohl es Südtiroler Küche bietet? Ich finde es wäre das Südtiroler Restaurant, dass man auch in Rom oder Paris eröffnen könnte. Nur fehlten dann Gerlinde und Albert hier. Also, unbedingt besuchen, wenn es in Meran etwas Besonderes sein soll.

St. Valentinstr. 17, 39012 Meran
trauti.it

Carmen und Klaus Alber

REGIONALE PRODUKTE JUNGER SÜDTIROLER MAKER

Carmen und Klaus Alber sind herzlichste Gastgeber – von Berufs wegen, klar, vor allem aber aus Leidenschaft. Das Paar lernte sich bei der Arbeit kennen und als sich die Gelegenheit bot, das *Miramonti* zu übernehmen, machten die beiden Nägel mit Köpfen. Heraus kam ein ganz besonderes Hotel ganz nach ihren Vorstellungen. Nun sind es im Frühling 2022 genau zehn Jahre.

Nicht nur die Lage hoch droben in Hafling beeindruckt. Ebenso die Architektur, die aus drei Giebeldächern besteht und quasi am dahinter liegenden Hang lehnt. Vorne ragt ein spektakulärer Infinity Pool in die Landschaft. Neuere Anbauten des Weltklasse-Spa-Bereichs stehen auf Stelzen, um die Natur nicht weiter zu versiegeln.

Letzteres veranschaulicht wunderbar, wie umsichtig die beiden mit ihrem Umfeld umgehen. Qualitativer Anspruch und ein erfinderischer Wille machen so das Beste aus dem, was die Region zu bieten hat. Deshalb haben wir Klaus auch gebeten, ausgesuchte regionale Produkte junger Maker zu empfehlen. Nach dem Motto: Wenn es das Miramonti empfiehlt, muss es gut sein!

Das oberste – und gelebte – Prinzip lautet, dass man Gäste so behandelt, wie man selbst gerne behandelt werden möchte. Das gilt natürlich auch für das stets freundliche und selbstbewusste Personal. Während der Corona-Zeit schnallten die Albers den eigenen Gürtel enger, um das Personal halten zu können. Das hat das Team noch fester zusammenwachsen lassen. Diese Extraportion Motivation spürt man als Gast sehr deutlich.

Bei allem, was Carmen und Klaus anpacken, steht die Menschlichkeit im Vordergrund. Während man sich Perfektion nebenbei immer weiter erarbeiten kann, gilt das etwa bei der Empathie nur eingeschränkt – die kann man schwer erlernen und wirkt schnell aufgesetzt, weshalb die Atmosphäre hier oben eine überaus angenehme ist.

Auch wenn die meist skandinavischen Designer-Möbel, das wunderbare Spa mit seinen Talblicken, der Infinity-Pool, die liebevoll-kreativen Speisen im Michelin Stern-gekürten Panorama Restaurant und die stylishen Zimmer alle unfassbar instagramverdächtig sind – die Gäste sind hier vor allem eins: entspannt. Ob es daran liegt, dass es eine Mindestaufenthaltsdauer gibt oder daran, dass das Miramonti niemals bei Secret Escapes oder vergleichbaren Restplatzbörsen zu finden ist? Vielleicht. Wahrscheinlich aber doch eher an der wertorientierten Haltung seiner hier lebenden Besitzer Carmen und Klaus.

WEB
hotel-miramonti.com

INSTAGRAM
@miramontiboutiquehotel

IN DIESEM HAUS WIRD GELEBT.

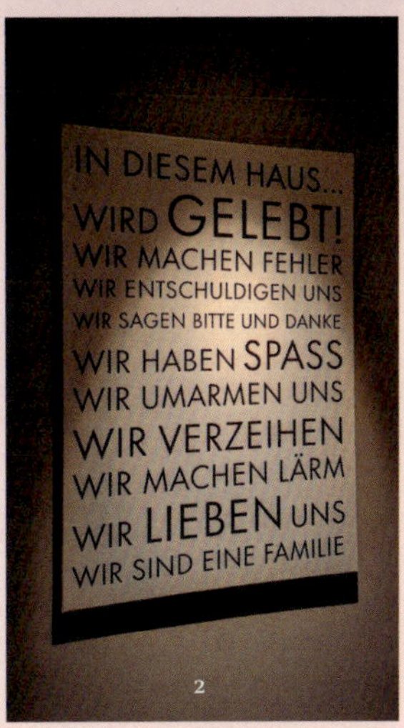

1 — Form, Funktion, Entspannung
2 — Lieber Gruß an die Gäste: das Credo des Hauses

SCHWARZBRENNEREI

Die *Schwarzbrennerei* ist die Brennerei der Brüder Manuel und Christian Schwarz in Mölten. Dort gibt es auch einen eigenen Hofladen. Hier im Miramonti haben wir den exklusiv für uns gebrannten Spitzengin mit diversen Nadelbaum-Spitzen, geerntet im Wald hinter unserem Haus, und Preiselbeeren.

Möltnerstraße 29, 39010 Mölten
schwarz-brennerei.it

5IFTY 8IGHT CHOCOLATE

Neben Schokolade von Oberhöller haben wir auch Renés *5ifty 8ight Chocolate* im Angebot. Denn auch unsere Gäste sind so unterschiedlich, wie die Schokoladen der beiden. René Romen ist ein fast besessener Handarbeiter mit seinem bean-to-bar Konzept macht er wirklich alles selbst.

Rennweg 47, 39012 Meran
58chocolate.com

FORNO

Der *Ivo De Pellegrin* läßt sich für seine knusprigen Brote, die auch länger haltbar sind, wirklich Zeit. Oder besser gesagt dem Teig. Er ist auch einer, der auszog um sein Handwerk zu verfeinern und gehört jetzt zu den Top Bäckern in Südtirol.

Rennweg 141a, 39012 Meran
forno.me

KRÄUTERREBELLEN

Lorenz und Leander sind die *Kräuterrebellen* aus dem Vinschgau. Ihre Kräuter kommen ausschließlich aus dem Nationalpark Stilfser Joch aus Burgeis. Im Miramonti Spa Bereich setzen wir deren Eisenkraut als erfrischenden Raumduft ein. Die Kräuter werden bei der Lebenshilfe e.V. in Schlanders verpackt.

Ennewasser/Trattla Nr. 246, 39020 Martell
rebellen.it

SPINNRADL

Wenn es um etwas geht das die Haut berührt, dann muss es absolut chemie- und rückstandslos sein. Die Hallers in St. Leonhard im Passeiertal machen ihre *Spinnradl* (Seite 58) Produkte 100% natürlich, ohne Zusätze. Diese haben ein tollen „Griff" und sind wärmend, kühlen oder anschmiegsam und stehen für Südtiroler Handwerk.

Kohlstatt 4, 39015 St. Leonhard in Passeier
spinnradl.it

MERANER MÜHLE

Wir verwenden in unserer Küche, beispielsweise für das eigene Brot, unsere Kuchen oder unsere Pasta Mehl der Meraner Mühle deren Getreide allesamt aus der Heimat stammen. Selbst beim Mehl bekennen wir uns zur heimat aber vor allem zu kurzen Wegen.

Industriestr. 7, 39011 Lana
meranermuehle.it

5ifty 8ight Chocolate

8

ADRESSE Rennweg 47, 39012 Meran
IG @58chocolate — **WEB** 58chocolate.com

Die Geschichte von René Romen: Er zog aus, um sich seine Sporen in der Ferne zu verdienen und das Erlernte später im eigenen Geschäft in der Heimat umzusetzen. Die Heimat heißt Meran, die Ferne Berlin und London und der Beruf: Patissier. Wenn man René mit Mütze, hochgekrempelten Hosen und Ringelsocken vor seinem Laden stehen sieht, weiß man genau, woher er die urbane Lässigkeit hat. Während seiner letzten Station in London als Produktionsleiter einer „bean to bar"-Manufaktur reifte die Idee, das Ganze in Südtirol unter eigener Flagge zu machen.

Deshalb gibt's jetzt im *5ifty 8ight* süße Köstlichkeiten, die die Menschen glücklicher und ein bisschen dicker machen sollen. Das sagt jemand, der Realität mit Humor zu verbinden weiß, der sein Handwerk versteht und für seine Schokoladen nur beste Zutaten für gut genug befindet. Sorgfältig werden die Kakaobohnen selektiert und bei niedrigen Temperaturen geröstet. Nach einer Kühlpause trennt die Windmühle die Schale vom Kern, den die Steinwalze fein zu Edelschokolade zertrümmert. René baut diesen Grundstoff dann zu köstlich-kreativen Sorten aus.

Jeder Arbeitsschritt benötigt Zeit und Know-how, bis die Bohne tatsächlich in der Tafel ist. 13 Sorten stehen zur Auswahl, man kann sie bequem auch als Merano Collection kaufen.

5IFTY
8IGHT
FOR DIET IT'S TOO LATE!
DARK COLOMBIA
SINGLE ORIGIN

Dimitri

9

ADRESSE Sandplatz 2, 39012 Meran — **T** 0039 0473 2333 13
IG @bydimitri — **WEB** bydimitri.com

Dimitrios Panagiotopoulos ist Gründer und kreativer Kopf des Labels *Dimitri*. Gegründet 2007, nachdem er bei Vivienne Westwood, Jil Sander und Hugo Boss als Designer tätig gewesen war. Davor hatte er in München und Paris Mode studiert und anschließend seinen Master in Mailand am renommierten Istituto Marangoni gemacht.

Dimitri kombiniert sorgfältiges Schneiderhandwerk mit feinsten Materialien wie Seide, Kaschmir, Chiffon, Crêpe de Chine oder feiner Spitze. Die von ihm erdachten Kreationen werden ausschließlich in Italien gefertigt. Dabei liegt das Hauptaugenmerk auf Damenmode. Im Fokus stehen kosmopolite und stilbewusste Frauentypen, deren Silhouetten er mit aufwendigen Drapierungen formvollendet hervorhebt. Zwei Kollektionen erscheinen pro Jahr und beinhalten zusätzlich Taschen, Accessoires, Schuhe und Schmuck.

Showroom, Atelier sowie der eigene Laden des Labels befinden sich in Meran. Inspirationen für seine Kollektionen holt Dimitrios sich vor allem auf seinen Reisen nach Indien, Oman oder afrikanische Länder, wie etwa jüngst Marokko. Es ist dieser in Südtirol selten zu findende universale Ansatz, der uns dazu veranlasst hat, Dimitri nach Empfehlungen für Cosmopolitan Places auch außerhalb der Mode zu fragen (Seiten 44, 45).

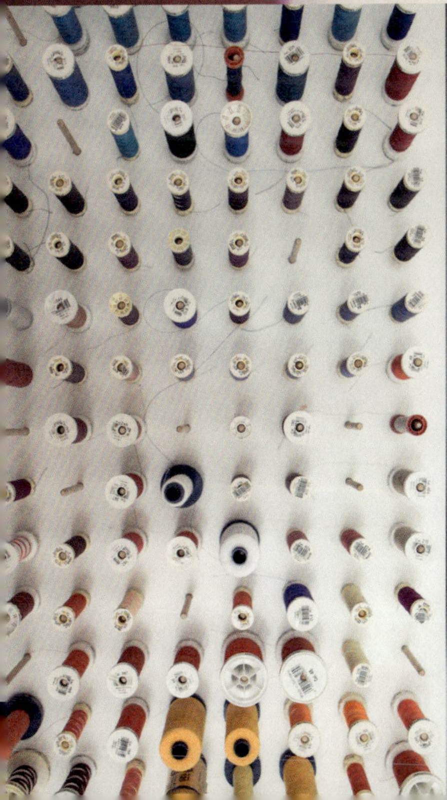

FORNO Ivo De Pellegrin

10

ADRESSE Rennweg 141A, 39012 Meran
IG @forno_ivodepellegrin — **WEB** forno.me

Ivo De Pellegrin ist wohl das, was man einen herrlich modernen, altmodischen Bäcker nennt. Ein Bäcker, der sein Brot auf das Wesentliche reduziert, was nichts anderes heißt, als auf beste regionale Zutaten zu setzen. Mit eigenem Sauerteig, handgeschöpftem Salz aus den sizilianischen Salinen von Trapani und Getreide der Meraner Mühle, das Ivo selbst frisch in der eigenen Backstube mahlt. Je nachdem, welche Brotsorte in den Ofen geschoben werden soll, kommen auch mal Körner hinzu.

Seine Ausbildung hat Ivo auf der von Slow Food Italia gegründeten L'Università degli studi di Scienze Gastronomiche di Pollenzo genossen. Mit dem dort absolvierten Studium reifte auch seine Philosophie, sich auf das Wesentliche zu konzentrieren. Dabei überließ er nichts dem Zufall, sondern verfeinerte seine Fertigkeiten in einigen anderen Betrieben, wie zuletzt im renommierten Ottmangut in Meran.

Drei Tage lässt sich Ivo Zeit für sein Backwerk: Am ersten Tag bereitet er den Sauerteig vor, am zweiten entsteht der Brotteig, am dritten Tag wird frisch gebacken. Deshalb hat das FORNO auch nur an drei Tagen der Woche geöffnet, am Dienstag, am Donnerstag und am Samstag. Wenn Sie online vorbestellen und der Laden hat zu, wird Ihr Brot einfach bei *5ifty 8ight Chocolate* (Seite 50) abholbereit hinterlegt.

goldkorn. – Manuela Mair

11

ADRESSE Reichsstraße 25, 39010 Gargazon — **T** 0039 3383 4744 98
IG @goldkornandmanu — **WEB** goldkorn.it

Die Südtirolerin Manuela Mair ist Goldschmiedin, Mutter, Oma und auch, oder vor allem, ein Wild Child. Konventionen sind nicht so ihr Ding. Ihren Stil beschreibt sie selbst als unperfekt und gebraucht. Alles, was einmal ausgegraben wurde, weckt ihr Interesse. Und so schöpfte sie schon früh ihre Inspiration aus Schmuck-Fundstücken antiker Kulturen, vor allem die Römer haben es ihr angetan. Ihr Ziel hatte sie bereits im Alter von 15 Jahren ganz genau vor Augen: Später wollte sie Goldschmiedin werden und fing deshalb als Teenager eine Lehre an.

Mair's Werkstatt befindet sich in einem recht unscheinbar wirkenden Gewerbegebäude an der Hauptstraße in Gargazon. Hat man dann das Atelier im ersten Stock betreten, befindet man sich inmitten eines sehr hellen Raumes, dezent dekoriert, mit Vintage-Möbeln ausgestattet und an der Wand lehnen alte Türen.

Hier berät Mair ganz individuell und einfühlsam ihre Kund*innen. Sie hört genau zu, welche Wünsche an sie herangetragen werden und bringt die ersten Skizzen auch direkt aufs Papier. Daraus entstehen dann später an der schweren Werkbank ihre unverwechselbaren Unikate. Unperfekt, used und gerade deshalb wunderschön.

glücklich

12

ADRESSE Rennweg 71, 39012 Meran — **T** 0039 0473 6063 04
IG @gluecklich.brand — **WEB** gluecklich.it

Glücklich beschreibt nicht nur dieses Gefühl innerer Zufriedenheit, nach dem wir Menschen gerne streben und das uns ausgeglichen macht. *glücklich* ist auch ein Modelabel aus Südtirol. Die Attribute sind jedoch die gleichen, der Name also Programm. Anspruchsvolles Design, ausgesuchte Materialien und althergebrachtes Handwerk sind die Basis für die Kollektionen, die, na klar, glücklich machen sollen.

Lokale Manufakturen setzen die Designideen um. Kurze Wege, persönlicher Kontakt, aber auch ein besonderes Augenmerk auf regionale und bewährte Materialien sind die Essenz, um heimatverbundene Mode herzustellen. Massenware sucht man bei *glücklich* vergebens. Neben der eigenen Kollektion komplettieren Produkte von etablierten Designer*innen und jungen Kreativen aus der Region das fein kuratierte Sortiment.

Das Design ist klar, zeitgemäß und zeitlos, traditionell und frech. Die Stoffe kommen hauptsächlich aus Italien und Deutschland, natürlich auch von lokalen Produzenten, stets aus nachhaltiger Herstellung und von höchster Qualität. So kann man bei *glücklich* Lieblingsstücke finden, die ewig halten. Online, aber auch offline in eigenen Stores in Eppan und Meran sowie in vielen Geschäften quer durch Europa, die *glücklich* im Angebot haben.

glücklich
glücklich
glücklich
glücklich

Spinnradl

13

ADRESSE Kohlstatt 4, 39015 St. Leonhard in Passeier — **T** 0039 0473 6561 92
IG @spinnradl_suedtirol — **WEB** spinnradl.it

Besondere Strickjacken und Westen aus lokaler Tiroler Bergschafwolle – dafür ist *Spinnradl* mittlerweile weitum bekannt. Die Maschinen zur Wollverarbeitung rattern in der Werkstatt im Passeiertal seit 1948. Franz Haller hat den Betrieb von seinem Vater übernommen und verarbeitet die frisch geschorene Wolle schonend und chemiefrei, wäscht sie mit der Hand, trocknet sie an der Luft, verarbeitet sie in der Kämm- bzw. Kardiermaschine zu einem Wollvlies und spinnt sie auf dem Ringspinner zu Strickgarn. Sein Bruder Hansluis strickt an der Strickmaschine im traditionellen „Sarner Muster“. Juniorchefin Franziska – Franz’ Tochter – achtet seit 2018 darauf, dass sich das Spinnrad mit Schwung und neuen Ideen weiterdreht. In der Schneiderei kreiert sie zusammen mit ihrer Mutter Margareth und den Schneiderinnen maßgefertigte, ausgefallene Strickjacken und Westen. Das Besondere an diesen „Sarnern“ ist, dass sie nicht nur warm halten, sondern auch gesund, strapazierfähig und alltagstauglich sind. Ganz besonders auch weil im *Spinnradl* bei jedem Arbeitsschritt auf hochwertige Verarbeitung geachtet wird, hält so ein in Handarbeit hergestelltes Kleidungsstück ein Leben lang.

SPINNRADL
Traditionshandwerk
seit 1948

Lichtstudio Eisenkeil

3

ADRESSE Gampenstraße 13, 39020 Marling — **T** 0039 0473 2040 00
IG @lichtstudio — **WEB** lichtstudio.com

Ein einzigartiger Betrieb, den man nur hier findet: Das *Lichtstudio Eisenkeil* gehört seit jeher zu den Innovatoren im Design. Was die Wenigsten wissen: In den Gründerjahren der 60er Jahre galt Artur Eisenkeil – Vater von Andreas Eisenkeil – als Pionier der italienischen Designkultur. Seine Leuchten aus Cocoon, einem harzähnlichen Material, das Schicht für Schicht auf vorgeformte Metallteile aufgespritzt wird, haben viele namhafte Architekten und Designer inspiriert. Dino Gavina, Achille & Pier Giacomo Castiglioni und Tobia Scarpa kamen nach Meran in die damalige Produktionswerkstatt und arbeiteten monatelang mit Artur Eisenkeil an neuen Modellen für Leuchten, die heute zu den berühmtesten italienischen Design-Klassikern zählen. Sie legten auch den Grundstein für das in Meran gegründete Unternehmen FLOS, das heute weltweit erfolgreich ist. Noch heute werden die Cocoon-Designstücke in der eigenen Produktionsstätte für FLOS hergestellt.

Das Lichtstudio Eisenkeil produziert, plant und vertreibt Leuchten für private Kunden und Kunden diverser gewerblicher Bereiche. Dabei gehört der Showroom in Marling zu den größten spezialisierten Lichtausstellungen Italiens. Hier findet man natürlich Klassiker und international erfolgreiche Beleuchtungslabel, aber eben auch Lichtkunst und Unikate, denn Licht, davon sind hier alle überzeugt, ist eine individuelle Sache und wird auch so wahrgenommen.

Be more Store

4

ADRESSE Sparkassenstraße 27, 39012 Meran — **T** 0039 0473 2358 69
IG @bemorestore — **WEB** be-more.it

Be more yourself steht als Synonym für hochwertige und modische Bekleidung in Meran. Die Inhaber Astrid und Stephan stellen in ihrem Store mitten in der Fußgängerzone der Stadt ein Sortiment zusammen, das feinsten Casual Chic für Frauen und Männer bietet, in dem man sich sofort wohlfühlt – frei nach dem Motto: Be more yourself, consume less, but better.

Das sympathische Paar führt ausschließlich italienische Marken, die sich durch hohe Wertigkeit und vielfach meisterhafte Handarbeit auszeichnen und zudem nicht überall zu finden sind, wie: Barena Venezia, ausschließlich im Umland von Venedig gefertigt und von dessen reichem Kulturschatz inspiriert; Manifatture Ceccarelli, deren gewachste Männer-Jacken längst Kultstatus genießen; handgemachte Schuhe der Marken Shoto und Officine Creative; Roberto Collina ist legendäre hohe italienische Strickkunst aus Bologna. Neben etablierten Manufakturen führen Astrid und Stephan auch junge Design-labels wie Labo-Art, Goes Botanical oder Tela, die jenseits des Mainstreams für Furore sorgen. Individualität (Be more yourself!) wird ebenso großgeschrieben wie eine kompetente und gut gelaunte Beratung in einer lässigen Atmosphäre, die fernab von E-Commerce trotzdem Weltläufigkeit vermittelt. Das alles lässt aus Flanierenden schnell Stammkund*innen des *Be more Stores* in Meran werden.

Sapple

5

ADRESSE Tribusplatz 27, Lana — **T** 0039 3334 7438 88
IG @sapplesuedtirol — **WEB** sapple.com

Kurz gesagt: Im *Sapple* geht's um den Genuss. Vor den prall gefüllten Regalen mit allerlei erlesenen Köstlichkeiten aber auch um ein bisschen mehr. Wer in das Sapple kommt, der möchte in ungezwungener Atmosphäre mit Gleichgesinnten plaudern und, na klar, von den hervorragenden Erzeugnissen aus dem Umland auch welche probieren. Darum geht es nämlich: Neugierig sein, den eigenen Horizont erweitern wollen und die kulturelle Vielfalt erkunden. Nicht nur mit den Augen, sondern auch – und gerade – durch Mund und Nase.

Bei Karin darf man sich jedes Mal aufs Neue einer Genussreise hingeben. Von Gewürzen über eingelegte Köstlichkeiten, fertigen Toppings und exquisiten Weinen, Bieren oder anderen Spirituosen bis hin zu Naturkosmetika ist die Bandbreite entsprechend groß. Vieles davon kommt aus dem direkten Umland und Südtirol, aber auch aus aller Welt. Von Bauern, Kleinstmanufakturen und Spezialproduzenten, die den Ansatz der Nachhaltigkeit fest in ihrer DNA verankert haben. Weil man die Katze nicht gerne im Sack kauft, bietet das Sapple regelmäßige Verkostungen an. Ein ganz besonderer Genussmoment und gleichzeitig der ideale Ort, um mit Liebhabern höchster Qualität bei einem Glas Gourmet-Bier zu fachsimpeln.

6 THE MONOCLE SHOP

Off the beaten track

Bücher, Magazine und kuratierte Produkte – wer die Makers Bible schätzt, der dürfte auch im *Monocle Shop* mehr als fündig werden. Hier im Shop in Meran geben sich Locals wie Gäste ein Stelldichein, um sich mit feinsten Printerzeugnissen zu umgeben. Natürlich kann – und soll – sich hier jede*r auch haptisch von den Produkten überzeugen können, die sie sonst nur online oder in den Shops in Berlin, London, Singapur oder Tokyo finden.

Dantestraße 25, 39012 Meran
Web: monocle.com/about/contacts/monocle-shop-merano

TIPP

SÜDTIROL MIT KINDERN

Südtirol gehört wohl zu den unkompliziertesten Reisezielen mit Kindern. Egal ob Essen, Ausflugsmöglichkeiten oder Erreichbarkeit – alles optimal für kleine Reisegäste und stressfrei für deren Eltern. Diese Tipps sind uns besonders hängen geblieben:

DER WOODYWALK AUF DER PLOSE

Kinderwagentauglicher Rundweg mit einer atemberaubenden Aussicht auf die Dolomitengruppe. Auf dem Weg zur Rossalm befinden sich viele Spielstationen aus Naturmaterialien.
plose.org

PFEFFERLECHNER - BUSCHENSCHANK & HAUSBRAUEREI IN LANA

Herrlicher Biergarten mit hauseigener Brauerei, Spielplatz und Streichelzoo. Hier ist bestimmt für jedes Familienmitglied etwas dabei.
pfefferlechner.it

ERLEBNISWELT CAPRIZ IN VINTL

Hier können Groß und Klein den Weg zum Käse aus der Perspektive der Milch erleben. Schaukäserei und Restaurant mit Blick auf die kleine Ziegenherde.
capriz.bz

Im Kult

5

ADRESSE Gampenstraße 19, 39020 Marling — **T** 0039 0473 2040 90
IG @im.kult — **WEB** imkult.com

Das *Im Kult* entstand aus Andreas Eisenkeils Leidenschaft für kulinarische Genüsse. Der Inhaber des Lichtstudios Eisenkeil (Seite 60) beschreibt diesen Lieblingsort so: „Hier trifft Industriecharme auf moderne Elemente, so einen Großstadtflair findet man selten in unserem beschaulichen Ländchen". Das Im Kult liegt nur wenige Meter entfernt vom Lichtstudio und ist eine renovierte Seifenfabrik aus den 1920er Jahren, wo Kulinarik und Design mit einem Concept Store und einem Bistro vereint werden. Liebevolle Details aus den Restbeständen der Seifensiederei finden sich in jeder Ecke und an den Wänden. Für einen Aperitivo, ein lauschiges Date mit Abendessen oder ein ausgedehntes Frühstück kehrt man hier gerne ein. Ein Besuch im Concept Store, indem auch die Makers Bible zu haben ist, lohnt sich allemal!

Im *Im Kult* ist selbst das stille Örtchen Kult: Die Räume im Keller sollte man gesehen haben, man munkelt, sie seien einzigartig in ganz Südtirol. Hier wurden erstmalig ganze Wände mit dem Material Cocoon verkleidet und hinterleuchtet – wie ein riesiger Lichtkörper. Die integrierten Spiegel und das Wasser am Boden lassen alles unendlich wirken.

Miil

6

ADRESSE Gampenstraße 1, 39010 Tscherms — **T** 0039 0473 5637 33
IG @miil.restaurant — **WEB** miil.it

Es ist diese gewisse Portion Leichtigkeit, wegen der man so gerne in die *Miil* geht. Die herzliche Gastfreundlichkeit von Othmar Raich und seinem Team ist unprätentiös, aber auf den Punkt. Gleiches gilt für das Interieur. Spätestens beim Biss in das vorab gereichte Sauerteigbrot nebst Butter und Speck jedoch merkt man: Im Miil sind Speisen und Getränke die Königinnen.

Was Gäste auf den Teller bekommen, bestimmt Chefkoch Daniel Werth. Und der eigene Garten draußen. Die Speisekarte ist streng saisonal, regional und tagesaktuell, die Produkte biologisch, fair erzeugt und müssen höchsten Ansprüchen genügen. Naturgemäß schreibt außerdem das Marktangebot die Speisenkarte. Mal gibt es einen Wolfsbarsch mit Spargel und Kräutern, aber auch butterweiche Kalbsbäckchen mit Saisongemüse oder Dulce de Leche zum Dessert kamen schon auf den Tisch. Überrascht wird man von den exquisiten Kreationen jeden Tag aufs Neue. Weil das Miil Teil des Kränzelhofs nebst angeschlossenem Weinkeller ist, sollte man selbstredend auch die feinen hauseigenen Weine probieren. Quasi ideale Begleiter der Meraner Leichtigkeit, wegen der wir ja gekommen sind. Bonne Appétit und Posit.

Zur Blauen Traube

7

ADRESSE Alte Landstraße 44, 39022 Algund — **T** 0039 0473 4471 03
IG @wirtshaus_zur_blauen_traube — **WEB** blauetraube.it

Im Wirtshaus *Zur Blauen Traube* zeigen nicht rosa Kaninchen, sondern blauen Reben den Weg über die Stiege hinauf in die Gaststube. Natürlich, möchte man anfügen, schließlich hat das Gasthaus eine lange Tradition. Seit dem 17. Jahrhundert können hier Hungrige und Durstige in den historischen Gemäuern einen Platz zur Stärkung finden.

Seit 2019 schwingt Chef (und Chefkoch) Christoph Huber Zepter und Kochlöffel. *Radikal lokal* lautet sein Motto, was nicht nur, aber vor allem dafür steht, dass hochwertige regionale Zutaten in den Kochtopf und schließlich als erlesenes Gericht auf den Tellern der Gäste landen. Christoph hat schon einige Stationen hinter sich, war unter anderem Sous-Chef bei Gerhard Wieser im Hotel Castel in Dorf Tirol. Erwartungsgemäß ansprechend sind seine Gerichte. Frische Pasta gibt's eigentlich immer, Rehrücken und Rinderfilet oft, die Spargeltarte und vieles andere dann, wenn halt Saison dafür ist. Das Ganze wird mit viel Liebe und noch mehr Leidenschaft kredenzt, dass es eine wahre Freude ist. Ach ja, selbstverständlich sind die Trauben unten nicht nur zur Zierde da. Eine feine Selektion Südtiroler Weine gibt's auf der Karte obendrein.

Ottmanngut

5

ADRESSE Giuseppe-Verdi-Straße 18, 39012 Meran — **T** 0039 0473 4496 56
IG @ottmanngut — **WEB** ottmanngut.it

Dieser Ort ist so schön, dass man nicht anders kann, als sich zu verlieben: vom ersten Augenblick an, wenn man zur Klingel greift, das Summen des Türöffners vernimmt und das eiserne Tor aufschiebt. Wenn man dann die wenigen Steinstufen hinaufgestiegen ist und den herrlichen Park mit Zitronenbäumen, Zypressen, Palmen und Blumen erblickt, ist es Urlaub – im *Ottmanngut*. Hier frühstücken ist ein Gedicht, denn die Speisen werden in diversen Gängen frisch am Tisch serviert. In kühleren Stunden kann die Zeitung auch drinnen in der lichten Orangerie aufgeschlagen werden.

Urkundlich erstmals erwähnt wurde das Haus 1290 als Gutshof Psorengütl. Viele Jahrhunderte später, um 1850, hat der Urururgroßvater des heutigen Gastgebers Martin Kirchlechner das Ottmangut erworben. Gemeinsam mit seiner Familie hat er das Landhaus vor zehn Jahren mit Geschmack und Feingefühl in ein entspannendes Gästehaus mit elf Zimmern verwandelt. Auffallend ist das Fingerspitzengefühl bei der Auswahl der Möbel und der Gestaltung des Interieurs: Neues trifft auf Altes, Gediegenes auf Unkonventionelles. Das Ottmangut ist Familienhaus mit Meraner Wohnkultur und für besonders Neugierige eine Challenge: Wer entdeckt den ältesten Dauergast des Hauses?

1477 Reichhalter

6

ADRESSE Metzgergasse 2, 39011 Lana — **T** 0039 0473 5630 28
IG @1477reichhalter — **WEB** 1477reichhalter.com

Mit dem *1477 Reichhalter* steht ein Gasthaus mitten in der Fußgängerzone von Lana, das über ein halbes Jahrtausend auf dem Buckel hat. Unten in der Gastwirtschaft speist man, oben beherbergen neun Zimmer die Gäste. So weit, so gewöhnlich. Trotz des Alters wirkt das Reichhalter weder angestaubt noch aus der Zeit gefallen. Gelebte Wirtshaustradition funktioniert eben auch im 21. Jahrhundert.

Die Familie Dissertori zeigt sich neben dem *Schwarzschmied* und der *Villa Arnica* auch für das Reichhalter verantwortlich. Die stilvolle Renovierung, bedacht und reduziert, setzt den Ton für das, was drinnen kommt: eine Gaststube mit teils freigelegtem alten Gemäuer und dunkler Holzvertäfelung. Man inhaliert die Tradition mit jedem Atemzug, mit jedem Schluck Bier oder Wein, mit jedem exquisiten Happen, den man zu sich nimmt. Einkehr sagte man früher. Hier findet man sie. Innen wie außen und auch oben in den Schlafzimmern. Feine Designelemente treffen auf typische Gaststube. Behaglichkeit und Ruhe kommen wie von selbst. Eigentlich war das alles schon immer da, manchmal vergessen wir nur, wie das wirklich geht. Im Reichhalter erinnern wir uns aber schnell wieder daran.

DAVID CHIPPERFIELD
TASCHEN
CHARLES & RAY EAMES
TASCHEN

Hotel Schwarzschmied

7

ADRESSE Schmiedgasse 6, 39011 Lana — **T** 0039 0473 5628 00
IG @schwarzschmied — **WEB** schwarzschmied.com

Das *Schwarzschmied* ist in erster Linie ein Hotel in Südtirol. Auf den zweiten Blick jedoch ein Ort, der Träume wahr werden lässt. Aufwachen mit Blick auf die Weinstöcke, schwerelos Entspannen im Pool, vor dem Frühstück den Körper beim Yoga spüren – all das ist möglich und doch nur ein sehr kleiner Teil von dem, was im Schwarzschmied machbar ist.

Die Familie um Klaus Dissertori sind die Wirte hier in Lana, aber natürlich kümmert sich sein ganzes Team liebevoll um die Gäste. Loslassen lautet das Motto – und das geht schnell. Die Zimmer mit ihren großen Fenstern und minimalistischem Design aus ganz viel Holz umgarnen einen und führen dazu, dass der eigene Puls augenblicklich langsamer schlägt. Egal, ob man gekommen ist, um aktiv zu sein (in jedem Zimmer gibt's eine Yoga-Matte) oder einfach nichts zu tun, erlaubt ist, was gefällt. Verzichten müssen die Gäste hier auf nichts, im Gegenteil, sie dürfen bewusst genießen. Küchenchef Andreas Pircher kredenzt im La Fucina spannende Südtiroler Küche. Nur frischeste Zutaten aus der Region, gerne auch vegetarisch oder vegan, kommen auf den Teller. Die Erzeuger kennt Pircher alle beim Vornamen, Gemüse baut er im eigenen Hotelgarten an und nebenher keltert er den Gewürztraminer gleich selbst. Ein rundum nachhaltiger Genuss.

Villa Arnica

8

ADRESSE Andreas-Hofer-Straße 8, 39011 Lana — **T** 0039 0473 0510 51
IG @villaarnica — **WEB** villaarnica.it

Manchmal darf es auch einfach mal ein genussvolles Nichtstun sein. Genau das scheinen die Dissertoris im Sinn gehabt zu haben, als sie die *Villa Arnica* ins Leben gerufen haben. In Sachen Unterkünfte kennt sich die Hotelier-Familie ohnehin bestens aus. Mit dem *Schwarzschmied* (Seite 74), dem *1477 Reichhalter* (Seite 72) und dem neuen *Parkhotel Mondschein* (Seite 120) betreibt sie gleich vier Häuser, die so herrlich unterschiedlich sind.

Während dem Schwarzschmied nebenan der Ruf eines Yoga-Retreats vorauseilt, dürfen die Gäste der 1925 erbauten (und liebevoll restaurierten) Villa Arnica bei Dolce Vita einfach die berühmten fünfe gerade sein lassen. Mitten in Lana, eingerahmt von Weinreben und dem riesigen Gemüsegarten, wo nach dem Prinzip „garden to table" Köstlichkeiten auf die Teller gezaubert werden. Essenszeiten gibt es nicht, der Gast bestimmt und bestellt, wenn ihm danach ist und genießt in den weitläufigen öffentlichen Bereichen. In zehn ganz unterschiedlichen Zimmern kommt man zur Ruhe. Alle höchst stilvoll eingerichtet, mit Vintage-Schätzen und ohne TV. Wer hierher kommt, der schätzt die Stille, liest unter der großen Zeder im Garten oder lässt sich am Hotelpool mit einem Drink von der wundervollen Umgebung inspirieren.

VillaVerde Aparthotel

9

ADRESSE Alte Landstraße 12, 39022 Algund — **T** 0039 0473 8616 00
IG @villaverde_meran — **WEB** villaverde-meran.com

Design meets Jugendstil könnte das Motto im *VillaVerde Aparthotel* lauten – das würde aber doch so vieles nur unzureichend beschreiben. Neben dem 20 Meter langen Outdoorpool, einem Naturbadeteich, drei Saunen und einer großen Liegewiese gibt es einen Wintergarten im historischen Teil des Gebäudes, ein lässiges Kaffeehaus mit leckeren Kuchen, ein Kaminzimmer als idealen Rückzugsort samt eigener Bibliothek und von der Frühstücksterrasse hat man einen wunderbaren Blick aufs Bergpanorama. Die VillaVerde ist einer dieser wunderbaren Orte, wo Gäste sich einfach fallen lassen und zur Ruhe kommen dürfen.

Mama Heidi und ihre Töchter Judith, Paula und Lea haben in Algund eine stilvolle Symbiose aus Alt und Neu geschaffen. Die hundert Jahre alte Villa wurde mit viel Leidenschaft und noch mehr Geschmack renoviert. Zu dieser Grandezza gesellt sich jetzt ein moderner Holzbau mit Ferienapartments und großzügigem Spa. Die Einrichtung reicht von handgefertigten Möbeln über Designklassiker bis hin zu kleinen und großen antiken Schätzen, die den besonderen Charme der VillaVerde ausmachen. Schnick-Schnack sucht man hier vergebens, Nachhaltigkeit findet man dafür überall. Das Frühstück etwa ist bio und regional, die Bettwäsche in den Apartments besteht aus nachhaltiger Tencelfaser und die Kosmetik im Spa ist biozertifiziert. Das schont unsere Umwelt – und gibt dem Urlaubenden noch ein besseres Gefühl.

Villa Fluggi

10

ADRESSE Fluggigasse 18, 39012 Meran — **T** 0039 0473 8617 00
IG @villafluggi — **WEB** villafluggi.it

Die *Villa Fluggi* scheint ein wenig aus der Zeit gefallen – und passt deshalb so hervorragend in das Hier und Jetzt. Inmitten von Jugendstil-Villen erbaute Leo Valtingojer dieses Haus in unverfälschtem 60er-Jahre-Style. Dann kam irgendwann Monocle-Herausgeber Tyler Brûlé, kaufte das Haus und gestaltete es zusammen mit dem Meraner Architekten Harry Thaler nach seinen Vorstellungen als Zweitwohnsitz um.

Seit 2020 hat die Villa Fluggi mit Carmen und Klaus Alber neue Besitzer. Einzige Vorgabe: Alles sollte genau so bleiben, wie es ist. Heißt konkret: zeitlose Designklassiker auf schweren Holzböden, Leuchten von Lotte und Gunnar Bostlund im Wohnzimmer, Thonet-Stühle mit Wiener Geflecht, Lüster von Lobmeyr und das Laaser Marmor-Waschbecken in der raffinierten Eichenholz Bar können bewundert, aber auch benutzt werden. Zu entdecken gibt es aber noch viel mehr. Unter Palmen und Pappeln kann man im Garten genießen, ein privater Koch kredenzt auf Wunsch ein Drei-Gang-Menü, wann immer der Gast möchte. Klein, fein, regional, nachhaltig – und luxuriös. Ab 600 Euro kann man das Anwesen für zwei Personen mieten, jedoch bietet die Villa Platz für bis zu zehn Personen mit Zuschlag. Dann kann es losgehen: Draußen die finnische Outdoor-Sauna genießen, mit City-Bikes Meran erkunden oder einfach die Kulisse bei Lagrein oder bei einem Gewürztraminer genießen.

11 FRANZ&MATHILDE

Das Angenehme mit dem Nützlichen verbinden

Mit Ausblick auf Wiesen, Wald und Berge und einem Espresso Tonic in der Hand geht das Arbeiten gleich viel leichter. *franz&mathilde* ist ein Coliving und Workation Retreat für alle, die ortsunabhängig arbeiten können. Auch das Vergnügen kommt nicht zu kurz, denn ganz so weitab vom Schuss und dem urbanen Meran ist man hier nicht.

Haus Tribus 116, 39010 Tisens
Tel: 0039 3405 6349 94, Web: franzundmathilde.com

TIPP

PODCASTS ÜBER SÜDTIROL

Podcasts sind in aller Ohren. Auf der Anreise, egal ob im Auto, im Camper, zu Fuß oder per Bahn: hier eine subjektive Auswahl der Redaktion, was man sich mal so anhören kann, um sich vorzubereiten oder, um mit Wissen zu glänzen:

ZEIT ONLINE SERVUS. GRÜZI. HALLO.

Ein Schweizer, ein Österreicher und ein Deutscher unterhalten sich: Der transalpine Podcast von Zeit Online mit Themen aus den Alpenländern. Folge: „Südtirol und die Bumser" (32 min)

GESCHICHTEN AUS DER GESCHICHTE

Zwei Historiker erzählen sich jede Woche eine Geschichte aus der Geschichte. Folge 203: „Bleiben oder Gehen? Die Option in Südtirol 1939" (48 min)

GEO EPOCHE

Ein historischer Crime Podcast. Diese Folge erzählt die letzten Tage des 'Mann aus dem Eis' und rekapituliert das Verbrechen dem er schließlich zum Opfer fällt. Verbrechen der Vergangenheit: „Ende einer Flucht. Der Mord an Ötzi" (39 min)

KURZ & SPRACHLICH

Eine Deutsche zieht ihres Südtiroler Freundes und der Liebe wegen in dessen Heimat und wundert sich über die „andere Deutsche Sprache" die dortzulande gesprochen wird: „Südtirolerisches mit Hannes & Sophie": mehrere Kurzfolgen

DÉJÀ-VU GESCHICHTE

Österreichischer Geschichts-Podcast über die Phase des Terrors in Südtirol nach dem Zweiten Weltkrieg und warum die „Provinz Bozen" heute autonomen Status hat: Folge vom 30. Mai 2022 > Terror in Südtirol (1h 14 min)

BOZEN UND UMGEBUNG

Von wo auch immer, mit wem auch immer, warum auch immer: Wer sich vor der Landeshauptstadt verbeugt, wird belohnt. Uni mit fünf Fakultäten, Museion für moderne und zeitgenössische Kunst, Ötzimuseum und Cafés auf jedem Platz und in jeder Gasse. Zeit für einen schnellen Espresso, einen gemütlichen Cappuccino, Apfelstrudel oder Cornetto. *Bozen* lebt von menschlichen und geschichtlichen Gegensätzen und fährt sprachlich Slalom. Die Stadt wächst, es wird gebaut und kombiniert, denn Bozen ist ein Konglomerat aus fünf zu Stadtvierteln gewachsenen Dörfern. Äpfel und Wein begegnen Oliven und Zitronen. Im Sommer eine der wärmsten Städte Italiens, im Winter eine der kältesten. Im Kern verlaufen von Ost nach West die Lauben, im Norden geht's ins Sarntal, gegen Süden hin ins Überetsch und Unterland mit Weinbergen, Apfelhainen und dem Kalterer See.

HAUPTSACHE HAUPTSTADT

Bozen

VON EPPAN NACH MARGREID

Weinstraße

AUS DER HAUPTSTADT HINEIN INS TAL

Sarntal

BOZEN UND UMGEBUNG

KREATIV UND WEGWEISEND

M

MAKER

14 Alois Lageder
Margreid

15 Qollezione
Bozen

16 Federica Pallaver
Bozen

17 Grenz/gang
Eppan

18 Lightcatcher
Eppan

19 Oberhöller Chocolate
Sarntal

20 Brennerei Psenner
Tramin

21 ruralurban
Bozen

22 Tischlerei Messner
Klobenstein

23 Trehs
Sarntal

24 Zilla
Bozen

25 insalata-mista studio
Bozen

26 Guggenbräu
Jenesien

27 My Last Summer
Eppan

H

HÄNDLER

7 Sublime
Bozen

8 Feinkost Egger
Bozen

9 Oberrauch Zitt
Bozen

U

UNTERKUNFT

12 AEON - an adults only place
Oberbozen

13 Parkhotel Mondschein
Bozen

14 Seehotel Ambach
Kaltern

15 Weingut Stroblhof
Eppan

16 Hotel Gasthof Zum Hirschen
Unsere liebe Frau im Walde

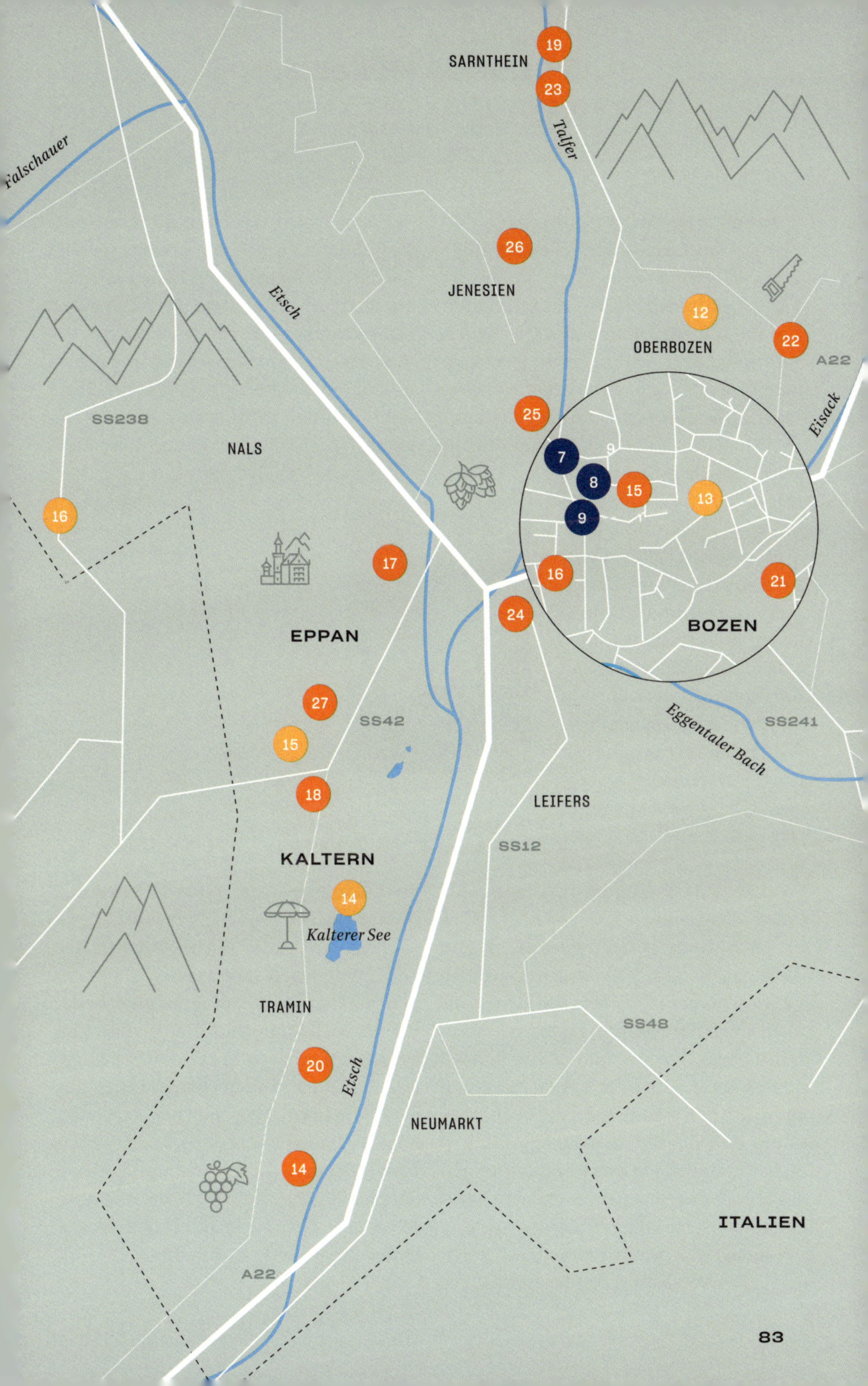
SARNTHEIN
19
23
Talfer
Falschauer
Etsch
26
JENESIEN
12
22
OBERBOZEN
A22
Eisack
SS238
NALS
25
7
8
15
13
9
16
17
16
21
24
EPPAN
BOZEN
27
SS42
15
Eggentaler Bach
SS241
18
LEIFERS
SS12
KALTERN
14
Kalterer See
TRAMIN
SS48
20
Etsch
NEUMARKT
14
ITALIEN
A22

Lukas Höller

LEIDENSCHAFT FÜR KLEIDUNG ABSEITS DES MAINSTREAMS

Skate- und Streetwear-Pionier, Kurator für Men's Style, Ladeninhaber: Lukas Höller ist das alles und noch viel mehr. Sein erstes Geschäft, den Skate- und Streetwear-Laden Sub, eröffnete er bereits 1998 in Bozen. Nach 23 erfolgreichen Jahren war damit jedoch Schluss und gemeinsam mit Karin Egger führt er heute den Nachfolger *Sublime* (Seite 116) in der Rauschertorgasse. „Wir waren dem Skate-Style mit dem Älterwerden entwachsen", sagen die beiden.

Was aber bleibt, ist eine ganz konkrete Wertvorstellung, die Lukas und Karin in Bezug auf ihre Kollektionen haben. Dabei geht es weniger um Mode als vielmehr um Stil, den die beiden mit ihren Produkten vermitteln wollen: Handwerkliche Qualität aus herausragendem Material, zeitlos und von langer Lebensdauer. Als Street- und Workwear darf man das Angebot guten Gewissens dennoch bezeichnen.

Auch wenn Skatermode, die zudem immer mehr zum Mainstream geworden ist, in Lukas beruflichem Leben keine Rolle mehr spielt, Streetculture ist immer noch sein Thema. Weil er daneben auch noch die schönen Dinge im Leben genießen kann und sich ziemlich gut auskennt, war es nur naheliegend, dem sympathischen Südtiroler auch ein paar Empfehlungen außerhalb des Bozener Modebetriebs zu entlocken (siehe Folgeseiten).

Bei aller Liebe zur Heimat sind Karin und Lukas dankbar für den Tourismus, der Tages-Shopper ins Sublime führt. Ihr guter Ruf und ein zuverlässig hervorragendes Sortiment samt persönlicher und wenn nötig auch mehrsprachiger Beratung haben sich herumgesprochen. Außerdem haben die beiden fast immer auch die Geschichten und Besonderheiten der Labels und ihrer Macher*innen parat. Denn gerade wenn man erfahren kann, wer hinter einem Label steckt und wie etwas gemacht wurde, ist man schnell vom Wert überzeugt.

Must-have-Basics von Red Wings, Filson oder Merz B. Schwanen neben Kollektionen von Peppino Peppino, Baracuta oder Edwin. Viel handgemachte Qualität gibt es im Sublime zu entdecken – und kaufen. Das Besondere für Besucher*innen aus dem Norden ist, dass hier auch mit einem Auge auf italienische Kundschaft geschaut wird – deshalb findet sich hier das eine oder andere Piece einer Marke, die es in einem deutschen Laden mit vergleichbarer Philosophie häufig nicht gibt.

EMPFEHLEN UND BERATEN SIND LUKAS UND KARINS LEIDENSCHAFT

WEB
sublime.bz

INSTAGRAM
@sublime_bolzano

1

2

1-2 — Brands für Eingeweihte.
handmade quality rules.
3 — Bei Karin und Lukas sind Kunden auch Gäste

3

PRANZEGG - BIODYNAMISCHES WEINGUT MIT BLICK AUF BOZEN

Martin und Marion vom Weingut Pranzegg sehen sich als Naturbotschafter. Wohl deshalb erzählen sie als Weinbauern in erster Linie vom Ort an dem sie leben und den Jahrgängen und deren Lebensweise. Die steilen Weinhänge rund um den Bozner Talkessel, die Marion und Martin mit großem Aufwand händisch bearbeiten, sind die Grundlage, um ihre biodynamischen Naturweine zu erzeugen. Spontanvergärung, lange Verweildauer auf der Hefe, keine Schönungen und Filtrationen, minimale Mengen an Schwefel und sehr viel Geduld und Gespür sind hier die Etappen von der Traube zum Wein. Diese Weine sind wilder und naturbelassener als das, was sonst in der Region so gekeltert wird.

Kampennerweg 8, 39100 Bozen
pranzegg.com — @pranzegg

RURALURBAN - WERKSTATT, LABOR & MÖBELDESIGNER

Mit der Qualität eines Maßschneiders schaffen Alexander, Fabiano und David von *ruralurban* besondere Raumerlebnisse, die individuell auf die Bedürfnisse der Kund*innen sowie auf die Gegebenheiten des jeweiligen Ortes zugeschnitten sind. So entstehen Räume, die sich vom Gewohnten abheben und neue Dimensionen eröffnen. Handwerk geht Hand in Hand mit Ästhetik, Funktionalität, Behaglichkeit und Originalität. Darin drückt sich auf einzigartige Weise frisches alpines Design aus.

Boznerbodenweg 17, 39100 Bozen
*ruralurban.eu — @ruralurban_*

VONKLAMMSTEINER - ATELIER FOR GRAPHIC DESIGN

Im Jahre 2010 eröffnete Philipp Klammsteiner sein Atelier, in dem er seiner Arbeit als Grafik-Designer und Künstler nachgeht, wobei er zwischen beidem in seinen Werken eine Parallele zu schaffen versucht. Seine Bilder entstehen aus einer Mischung von Collage und Stencil-Technik. Philipp freut sich auf Besuche in seinem Atelier, wo man bei einem Kaffee auch seine Bilder erwerben kann.

Laubengasse 35, 39100 Bozen
vonklammsteiner.com — @vonklammsteiner

MANUELA MAIR VON GOLDKORN.

Ihr Label *goldkorn.* (Seite 55) gibt es seit 2008, Goldschmiedin ist Manuela Mair jedoch schon seit über 30 Jahren. Auf den ersten Blick in ihrem Laden merkt man schnell, diese Frau versteht ihr Handwerk. Der Schmuck wird natürlich von Hand gemacht und somit als Unikat verkauft: Ringe, Armketten und Ohrstecker. Feine Ornamente in Gold, die nicht nur Frauenherzen schneller schlagen lassen und in der Tradition italienischer Goldschmiedekunst geschaffen werden.

Reichsstrasse 25, 39010 Gargazon
goldkorn.it — @goldkornandmanu

HIGHSCORE TATTOO

Ein Pflichtbesuch für all diejenigen, die sich von ihrem Südtirol-Aufenthalt etwas ganz Nachhaltiges mitbringen möchten. Tattoo-Begeisterte mögen sich einfach einmal Teos und Martins Instagram-Account ansehen und dann selbst entscheiden. Oder noch besser: Man schaut einfach bei Lukas im Laden vorbei und lässt sich von ihm etwas über *Highscore Tattoo* in Bozen erzählen.

Goethestraße 44, 39100 Bozen
highscoretattoo.bigcartel.com — @highscoretattoo

BOTTEGA ORAFA ANNIKA DE HAEN SCHMUCKDESIGNERIN

Die Schmuckstücke von Annika de Haen werden in kleinen Auflagen in ihrer *Bottega Orafa* von Hand gefertigt. Sie verarbeitet hochwertige Materialien wie 18-karätiges Gold, ausgewählte Edelsteine und Korallen. Prägend für ihren Stil sind vor allem die seidenmatten Oberflächen des Goldes. Als Norddeutsche, die in Italien ihr Handwerk erlernte, sind es auch immer wieder diese konträren kulturellen Umgebungen, die in ihre Arbeiten einfließen.

Wangergasse 53, 39100 Bozen
annikadehaen.com — @ annikadehaen

SIMO'S BARBER SHOP

Sehr geehrte Herren Leser, hier können Sie sich eine Auszeit gönnen, ob Sie nun einfach nach all den Tagen im Gebirge den Bart gestutzt haben möchten oder ihre Mitreisenden deren Ding machen lassen wollen: In diesem kleinen Paradies für Männer, keine zwei Minuten zu Fuß vom *Sublime* (Seite 116) entfernt, geht beides.

Sernesigalerie 22, 39100 Bozen
@simo_sbarbershop

Fotoakademie John McDermott

EIN AMERIKANER IN SÜDTIROL ERÖFFNET UNS DIE SUBTILEN UNTERSCHIEDE DER JAHRESZEITEN

John McDermott hat diese Ausstrahlung, diesen ruhenden Blick und diesen weisen Humor, der einen unmittelbar veranlasst ihn gleich als Mentor anerkennen zu wollen. Der Amerikaner lebt mit seiner Frau Claudia Brose in Eppan, nachdem er über 40 Jahre in San Francisco beheimatet war. Er beschloss schließlich, die Stadt zu verlassen, nachdem sie sich so sehr verändert hatte und nur noch eine blasse Erinnerung dessen darstellte, was San Francisco früher mal war.

SÜDTIROL IST EIN WAHRES PARADIES FÜR FOTOGRAFEN

John McDermott ist Fotograf und betreibt mit seiner Frau, neben professionellen Auftragsarbeiten, eine Fotoakademie. Kein Wunder also, dass wir, für die Hobby Fotograf*innen unter unseren Lesern*innen, von ihm wissen wollten, was Südtirol fotografisch interessant macht.

John spricht neben Englisch fließend Italienisch und Claudia Englisch und Deutsch und einmal jährlich findet deren Sommerakademie für Fotografie in Südtirol statt, für die sie vor vielen Jahren das Weingut von Alois Lageder als Location fanden. Der historische Palazzo, Barrique Keller und romantische Innenhof des Weinguts bilden eine inspirierende Kulisse für die verschiedenen fotografischen Themen, die von einem Profifotografen Team, darunter John, geleitet werden. Weitere Foto Masterclass Termine mit John finden in München (Portrait), den Dolomiten (Fotowanderung), in Venedig (Reisefotografie) und Neapel (Streetlife) statt.

Als Fotograf wurde John von seinen Auftraggebern zu zehn Olympischen Spielen und acht Fifa Weltmeisterschaften entsendet. Kommerzielle Aufträge führten ihn in über 40 Länder. Bevor er Fotograf wurde, war John bei der US Marine, anschließend Journalist. Er kann führen und sich durchsetzen, dennoch ist er eher Mentor als Lehrer, eher Ratgeber als Prediger. Sein Instagram Account reflektiert chronologisch sein Schaffen, wie zum Beispiel mit einer Gruppe von Fotoworkshop-Teilnehmern, mit denen er das Leben in den Straßen Neapels in Schwarz-Weiß dokumentierte.

WEB
mcdfoto.com
if-academy.net

Südtirol hält er für den idealen Ort zum Leben – und Fotografieren. Mitten in Europa, Land zweier Kulturen, beschauliche Urbanität gepaart mit Landschaft und Landwirtschaft. Fotomotive ohne Ende, einzigartige Lichtstimmungen und wettergegerbte Charakterköpfe. Südtirol bietet eine faszinierende, intensive und inspirierende Vielfalt an visuellen Reizen, die John mit seiner Kamera für sich, für Auftraggeber und im Rahmen von Fotoworkshops erkundet und fotografisch erfasst.

1 — Landschaften wie ausgedacht
2 — Portraits die Geschichten erzählen

„Südtirol ist ein wahres Paradies für Fotografen. Nachdem ich die meiste Zeit meines Lebens in Kalifornien verbracht habe, wo das Klima im Laufe des Jahres kaum variiert, ist eines der Dinge, die ich am meisten daran genieße, hier zu leben, die vier Jahreszeiten und deren visuelle Vielfalt, die sie bieten. Dieselben Landschaften können sich manchmal von Woche zu Woche, dramatisch unterscheiden. Spektakuläre Berge, eine reiche Landwirtschaft, historische Stätten, kulturelle Ereignisse und sportliche Aktivitäten – sie alle bieten Möglichkeiten, zu dokumentieren und kreativ zu sein. Es ist Ihre eigene Sichtweise, die am meisten zählt, ob Sie nun eine Spiegelreflex-, Sucher- oder die Kamera in Ihrem Smartphone nutzen.“

– John McDermott

FRÜHLING

Nun wollen wir unsere Aufmerksamkeit dem Erwachen der Natur widmen. In kurzen Zeiträumen kann man Veränderungen beobachten. Man sieht die Menschen wieder in den Obstwiesen und Weinbergen arbeiten. Natürlich zieht es auch viele andere wieder nach draußen, wo sie Fahrrad fahren, joggen und einfach die wärmeren Temperaturen genießen. Dies ist eine großartige Zeit, um die Landschaft zu betrachten, die bunter wird, während auf den Gipfeln der umliegenden Berge noch etwas Schnee zu sehen ist. Bei diesem Kontrast geht es vor allem darum, den Übergang zu zeigen, den der Frühling bedeutet.

SOMMER

Die Tage werden länger, mehr Zeit zum Fotografieren. Lange Wanderungen in den Dolomiten sind eine beliebte Aktivität. Es gibt auch viele lokale kulturelle Feste, bei denen die Menschen in traditionellen Kostümen feiern. Es finden viele Sportereignisse statt, bei denen es Spaß macht, sie zu fotografieren. Man kann beispielsweise den Giro d'Italia, eines der prestigeträchtigsten Radrennen der Welt, aus nächster Nähe fotografieren, wenn er einmal im Jahr immer mindestens ein oder zwei Tage lang durch Südtirol fährt. Es ist die Jahreszeit des Grün. Es gibt weit mehr als „fifty shades“ davon.

HERBST

Ich muss zugeben, dass dies meine Lieblingsjahreszeit in Südtirol ist. Es ist die Zeit der *Vendemmia*, der Weinernte, in der das Grün des Sommers in ein breites Spektrum warmer Farben – helle, leuchtende, gedämpfte und subtile – übergeht. Diese herbstliche Farbpalette ändert sich im Wochentakt. Der süße Duft von Trauben und Äpfeln liegt in der Luft. Traktoren mit Anhängern, die mit Kisten voller geernteter Früchte beladen sind, scheinen überall auf den Straßen zu sein. Die Möglichkeiten, all dies zu dokumentieren, sind endlos. Wie ich werden Sie wahrscheinlich feststellen, dass Sie im Herbst mehr Bilder machen als zu jeder anderen Jahreszeit.

WINTER

Die Winterlandschaft sieht auch kalt aus. Die Luft ist knackig und klar. Ruhige Zeit voller harter Kontraste. Es liegt noch Schnee, und je höher man in die Berge kommt, desto mehr Schnee also Weiß sieht man. Die Berge können majestätischer und weniger einladend aussehen. Ich finde, diese Jahreszeit eignet sich hervorragend für Schwarz-Weiß-Fotografien. Andererseits ist es aber auch die Zeit der Weihnachtsfeiern, die sehr farbenfroh sind. Mein Tipp für den Winter: Überlegen Sie, wie eine Szene, die Ihnen gefällt, als Schwarz-Weiß-Bild aussehen könnte. Und lassen Sie sich die Weihnachtsmärkte und religiösen Prozessionen nicht entgehen.

KURATOR

1 — Krampus-Umzug, Eppan
2 — Rudertraining am Kalterer See
3 — Klettern, Alta Badia
4 — Mittagstal, Alta Badia

JOHN MCDERMOTT

Alois Lageder

14

ADRESSE Casòn-Hirschprunn-Straße 1, 39040 Margreid — **T** 0039 0471 8095 00
IG @alois.lageder — **WEB** aloislageder.eu

Alois Lageder zeigt meisterhaft, was einen traditionellen landwirtschaftlichen Betrieb ausmacht und wie der Übergang in die Zukunft gelingt. Über Generationen hinweg hat die Familie Natur und Land beobachtet und die Zeichen der Zeit richtig gedeutet. Und ja, richtig gelesen: Nicht „Weingut“, sondern (ganzheitlicher) landwirtschaftlicher Betrieb.

Schon in den 1990er Jahren denkt Alois Lageder um: vom konventionellen Weinbau zu echter Biodynamik. Das hat das Gut berühmt gemacht. Gerade vollzieht der Familienbetrieb einen erneuten Sprung: Wein und Tierhaltung in einem. Rinder und Schafe bleiben im Winter nicht im Stall, sondern weiden zwischen den Weinstöcken. Seitdem wachsen wieder mehr verschiedene Kräuter, was die Zahl an Nutzinsekten erhöht und gleichzeitig die der Schädlinge verringert. Bis zu vier Jahre leben die Ochsen etwa zwischen Sommer-Alm und Winter-Weinstöcken – auch die Tiere der *Hofkäserei Englhorn* (Seiten 28) finden hier ihren Wintersitz.

Unbestritten gehören Lageder-Weine zum Besten, was Südtirol zu bieten hat. Die ausgezeichnete Karte des *Restaurant Paradeis* dürfte sich ebenfalls herumgesprochen haben. Letztlich sind es jedoch die Bewahrung von Wissen und der transparente Ansatz ihrer Erzeugnisse, was die Lageders zu echten Pionieren macht.

Qollezione

15

ADRESSE Laubengasse 35, 39100 Bozen — **T** 0039 3492 6435 73
IG @__qollezione__ — **WEB** qollezione.com

Es sind Südtiroler Traditionen und Bräuche, die *Qollezione* sammeln und bewahren möchte. Antike Handwerkskunst, von Vater und Mutter an Tochter und Sohn weitergegeben, urtypische Materialien, geschichtsträchtige Einrichtungsgegenstände, Gewänder und Trachten, dekorative und architektonische Elemente, natürliche Formen und Farben: jedes Detail, das Südtiroler Ästhetik ausdrückt, kann Inspiration einer neuen Kollektion von *Qollezione* sein.

Die Bilderwelten der Heimat übersetzen Anna Quinz und Fabio Dalvit mit ihrer Modemarke in zeitgenössische, hochwertige Bekleidung. Neu interpretiert haben sie auch ein unverkennbares Südtiroler Symbol: die typische blaue Schürze der Bauern – im Dialekt auch *Schurz* oder *Firti* – ist lange schon und immer noch Arbeits- und Alltagskleidung und kennzeichnend für diese Region und ihre Identität. Charakteristisch für die Beschaffenheit des Schurzes ist die extrem resistente Baumwolle im typischen Blauton. Entstanden ist eine Capsule Collection mit Kleid, Rock, Mantel und Tasche (ähnlich einem typischen Südtiroler Apfelklaubsack), gefertigt in Italien. Ein einzigartiger Stoff gibt den Ton an.

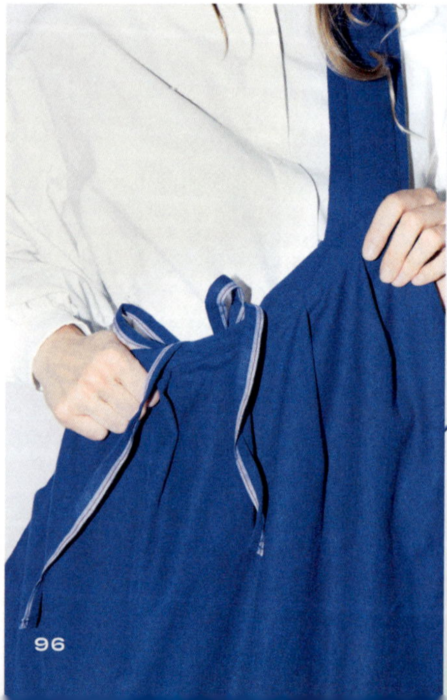

Federica Pallaver

16

ADRESSE Carduccistraße 3, 39100 Bozen — **T** 0039 3480 0639 17
IG @federicapallaver — **WEB** federicapallaver.com

Ihr Interesse gilt der Morphologie der Materie in ihrem ursprünglichen Zustand, nicht so sehr der Form, sondern vielmehr der Formgebung und deren Veränderungsprozess. Nach der Ausbildung zur Goldschmiedin in Florenz, mehreren Meisterkursen und der Arbeit in diversen Goldschmiedewerkstätten eröffnet *Federica Pallaver* 1996 ihr Atelier für zeitgenössische Goldschmiedekunst in Bozen. Dort setzt sie sich mit Materie auseinander, schichtet Metalle und Materialien, schafft mit Strukturen Raum, gestaltet Schmuck – zum Ausstellen und natürlich auch zum Tragen. Pallavers Arbeiten werden in Einzel- und Kollektivausstellungen in ganz Europa gezeigt.

Federica Pallavers Hauptinspirationsquellen sind die zeitgenössische Architektur, individuelle und kollektive gesellschaftspolitische Ereignisse und Prozesse, wie Kriege, Diskriminierung oder Umweltauswirkungen, die Tierwelt, die Geomorphologie des Erd- und Meeresbodens und die Astrophysik. Jedes einzelne Schmuckstück ist ein Unikat und wird gänzlich von Hand gefertigt. Die Schmuckdesignerin verwendet dafür je nach Objekt sowohl edle als auch unedle Metalle, verschiedene Legierungen oder recycelte Materialien. Die meisten Stücke entstehen aus der Begegnung mit dem Kunden oder der Kundin und sind somit das Ergebnis eines Prozesses, der aus Dialog und Diskussion besteht.

Grenz/gang

17

ADRESSE Maria Rast Weg 24, 39057 Eppan — **T** 0039 0471 0950 86
IG @grenzgang_organic_fashion — **WEB** grenz-gang.com

Hinter *Grenz/gang* verbirgt sich ein Modelabel, das 2014 ins Leben gerufen wurde, um ein paar Dinge grundlegend anders zu machen. Das Hauptaugenmerk der Produktion liegt auf einem geringen CO2-Abdruck, einem respektvollen Umgang mit allen involvierten Arbeitskräften und deren Wertschätzung, gezielt ausgesuchten Materialien und einem erstklassigen Service. So entstehen Bekleidungskollektionen, die neben höchstem Qualitätsanspruch auch das Bewusstsein für regional gefertigte Kleidung wieder verankern. Modern und zeitlos.

Getreu dem Motto: Global orientiert, regional wertgeschöpft vollführt das Team von Designern, Schneidern, Produktentwicklern und Textilingenieuren diesen Balanceakt. Selbstverständlich sind die Kollektionen trendorientiert, aber eben nicht davon gesteuert. Dafür wird lokal, nachhaltig und authentisch gedacht. Jerseystoffe werden in einer alten Fabrik auf der Schwäbischen Alb hergestellt, bei Verona steht die Schneidermanufaktur. Während die Materialien aus Deutschland, Österreich und Italien geliefert werden, findet man die Produktion in Bozen. Kurze Wege, hohe Wertschöpfung. Der Verkauf erfolgt vor Ort bei ganz ausgesuchten Partnern. Und online. Schließlich sollen alle in den Genuss von umweltfreundlicher Mode kommen.

Lightcatcher | Photography

18

ADRESSE telefonisch auf Anfrage — **T** 0039 3355 3708 66
IG @lightcatcher.kurt.moser — **WEB** lightcatcher.it

Jahrzehntelang hatte sie unter einem Tuch und einer Staubschicht im Abstellraum eines Mailänder Fotografen-Studios verbracht, bis er sie fand. Oder sie ihn. Der Südtiroler Kameramann Kurt Moser entdeckte die Balgenkamera, anno 1907, erfragte den Preis, bezahlte dann aus Wertschätzung mehr und fing zu Hause damit an, sie zu restaurieren.

Zuerst ging es darum, ein Verfahren zu finden, um mit dieser Kamera in so großen Formaten arbeiten zu können. Das Nassplatten-Verfahren Ambrotypie schien die Lösung zu sein. Diese Technik aus dem Jahr 1850 produziert Unikate, lässt sich aber nicht im Handumdrehen erlernen, denn es gibt eine Vielzahl an chemischen Faktoren, die zu beachten sind. Nach langer Recherche, einem Chemiekurs in Berlin und vielen misslungenen Versuchen war es nach mehreren Monaten so weit: Das erste Bild erschien.

Heute sind Kurt Moser und Barbara Holzknecht, die von Beginn an die einzelnen Phasen des Projektes begleitet hat, die Licht- und Zeit-Einfänger. Es gibt ganz wenige, die diese Technik beherrschen und mit den großen Kameras fotografieren können. Die großen Glasplatten mit Silberbeschichtung bieten eine hohe Auflösung. Das schwarze Glas hat eine ganz besondere Tiefe. Ideal für Portraits von Menschen, die in sich ruhen. Ein Bild der *Lightcatchers* ist ein einzigartiges Andenken, im wahrsten Sinne des Wortes.

Oberhöller

19

ADRESSE Handwerkerzone 4, 39058 Sarnthein — **T** 0039 0471 6220 16
IG @oberhoeller_chocolate — **WEB** oberhoeller.com

In der Schokoladenmanufaktur *Oberhöller* im Sarntal entstehen feinste Schokoladenerzeugnisse der Extraklasse. Von der Röstung bis hin zur Tafel, neudeutsch auch gerne „bean to bar" genannt, verbleiben alle Arbeitsschritte vollständig im Familienunternehmen, das dereinst vom Konditorenehepaar Toni und Paula Oberhöller gegründet wurde. Mittlerweile sitzt mit den Söhnen Michael und Hannes auch schon eine weitere Generation erfolgreich im Schokoladenboot.

Dabei sind es vor allem die auf den ersten Blick etwas ungewöhnlichen Kreationen, mit denen sich die Oberhöllers von allen anderen unterscheiden. Sarner Tafelschokolade mit Aroma der Latschenkiefer zum Beispiel. Die Idee kam Toni bei einer Wanderung in den Sarntaler Alpen. Dass diese Kombination eine gute war, konnte man schnell an den Verkaufszahlen ablesen. Überhaupt ist die Experimentierfreude in der Manufaktur beinahe grenzenlos. Bier, Speck, Rotwein oder Südtiroler Schnaps? All das wird mit viel Feingefühl und noch mehr handwerklichem Geschick mit Schokolade kombiniert. Mal als Tafel oder Praline, mal als Streichcreme oder Schoko-Plättchen. Und natürlich gibt es die Gourmetschokolade auch als klassischen Bruch zu kaufen. Ein wahrhaft süßes Vergnügen – und gleichzeitig ein Stück Südtirol.

Brennerei Psenner

20

ADRESSE Bahnhofstraße 1, 39040 Tramin — **T** 0039 0471 8601 78
IG @brennerei_psenner_distillery — **WEB** psenner.com

Die Geschichte der *Familienbrennerei Psenner* beginnt im Jahr 1947. Damals nämlich nimmt der Südtiroler Ludwig Psenner in Tramin an der Weinstraße seine erste Brennblase in Betrieb. Aus den besten Wein-Trestern der Umgebung destilliert er seinen eigenen Grappa. Bald darauf folgen die ersten Obstbrände und damit einhergehend die ersten internationalen Meilensteine Südtiroler Brennkunst. Übrigens war es genau dieser Ludwig, der die Birne in die Williams-Flasche brachte.

Ihren Erfindungsreichtum und Pioniergeist haben sich die Psenners über die Jahrzehnte nicht nur erhalten, sondern immer weiter daran gefeilt. Das Resultat sind charakterstarke Grappas, edle Obstbrände, aber auch aromatische Liköre oder der innovative Single Malt Whisky. Es scheint fast so, als liege die Herstellung edlen Alkohols der Südtiroler Familie im Blut.

Einer der wichtigsten Verbündeten im Veredelungsprozess ist Holz, denn viele Destillate dürfen in Barriquefässern ruhen und nach Reife streben. Wer diese Mischung aus Erfindungsreichtum, Erfahrung, Holz und Zeit erleben möchte, dem sei ein Stopp in der Destillerie sowie im angeschlossenem Shop in Tramin sehr ans Herz gelegt.

ruralurban

21

ADRESSE Boznerbodenweg 17, 39100 Bozen — **T** 0039 3894 3041 64
IG @ruralurban_ — **WEB** ruralurban.eu

Designer und Handwerker in einer Person? Nun, eigentlich sind sie ja zu dritt und Produktdesigner, Bühnenbildner und Holzbildhauer: Alexander Demetz, David Duzzi und Fabiano de Martin Topranin ging es von Anfang an immer darum, das Handwerk zurück in die Stadt zu bringen, und aufzeigen, welche Möglichkeiten dessen Verbindung mit Design in sich trägt. Aus dieser Idee entwickelten sie ihre Unternehmensvision – im Gleichgewicht zwischen ländlicher Tradition und urbaner Transformation, mit kurzen Lieferketten und der Aufwertung der Südtiroler Holzarten.

Die drei bärtigen Männer mit drei Geschichten, drei Lebensläufen, drei Persönlichkeiten vereint die tiefe Leidenschaft für das Material Holz, für ihre Wurzeln im Handwerk und ihre Begeisterung für gutes Design. Dem Thema Einrichtung begegnen sie offen, ganzheitlich und bereichsübergreifend und so entstehen in ihren Werkstätten in Bozen mit Präzision und Sorgfalt Möbelstücke, die ihre Wirkung nie verlieren, Unikate mit klaren Linien, Objekte, die Komfort neu definieren, und Räume mit einer eigenen Identität. Geschichte verbindet sich mit Innovation, Ästhetik mit Funktionalität, Wohlbefinden mit dem Bewusstsein für nachhaltigen Mehrwert.

Tischlerei Messner Konrad

22

ADRESSE Handwerkerzone 38, 39054 Klobenstein/Ritten — **T** 0039 0471 3571 57
WEB tischlerei-messner.com

Der Tischlermeister Konrad Messner ist ein Handwerksmeister alter Schule mit einer modernen Philosophie. Diese beschreibt er selbst mit den Worten „Weniger ist mehr", was soviel heißt, dass er in erster Linie das Holz Holz sein lässt – mit all seiner naturgegebenen Eigenheit und Schönheit. Sämtliche Innenausbauten von Wohnräumen, Küchen und Andachtsräumen sowie alle Detail-Lösungen und Möbel sind präzise und perfekt in Form und Haptik.

Als erfahrener Handwerker hört er seinen Auftraggebern erst einmal gut zu – ob es sich nun um Bauträger, Architekt*innen oder Interior-Designer*innen handelt. Dann tüftelt und skizziert er. Der Betrieb zählt heute knapp 20 Mitarbeiter*innen, denen unter der Regie des Chefs keine Aufgabe zu schwer ist – ob modern und funktional gestaltete Ausbauten oder behutsamer Umgang mit Altbausubstanz: Handarbeit trifft hier auf einen modernen Maschinenpark, damit alles perfekt sitzt und schließt.

Bei den Auftraggebern handelt es sich um Hoteliers, öffentlichen Einrichtungen oder Privatpersonen, denen die Tischlerei Messner Konrad von der Planung bis zum Einbau fachmännisch zur Seite steht, auch über die Grenzen Südtirols hinaus.

Trehs

23

ADRESSE Putzen 24, 39058 Sarntal — **T** 0039 0471 6255 21
IG @trehs_ — **WEB** trehs.com

Der Name *Trehs*, die mundartliche Abkürzung für Theresa, geht zurück auf eine Heilerin, die ihr wirkungsvolles Tun im Sarntal, u.a. unter Verwendung der Sarner Latsche, praktizierte. Die Produktpalette von Trehs beruht auf vier wesentlichen Zutaten in den Hauptrollen der jeweiligen Linien: Sarner Latsche, die forstwirtschaftlich dokumentiert, vor der Haustür geerntet wird; auf das kräuter- und artenreiche Bergheu von der Seiser Alm; die Sarner Zirbe, welche nur im Winter bei abnehmendem Mond, wenn die Wirkstoffe am rarsten und konzentirert sind, geschlagen wird und das Aqua Vinea Nobilis, das sogenannte Rebwasser. Das entsteht, wenn die Weinrebe im Frühjahr geschnitten werden und „ein einziger" Tropfen Rebwasser aus der Schnittstelle austritt, der von Hand in kleinen Fläschchen gesammelt wird. Die Wirkung: Entzündungshemmung und Hautverjüngung.

Das Sarntal, von Norden über das Penser Joch kommend, ist zwar kurvenreich aber auch die ruhigere Gegend um nach Bozen zu kommen. Hier herrscht vergleichsweise Menschenleere und bei dieser Präsenz der alpinen Natur ist es kein Wunder, dass Trehs gerade hier seine Wirkkosmetik in Handarbeit herstellt.

trehs
SHAMPOO

Zilla

24

ADRESSE Edisonstraße 15, 39100 Bozen — **T** 0039 0471 0650 89
IG @zilla.atelier — **WEB** zilla.it

Die Affinität zu verschiedensten Materialien und Stoffen liegt bei Sylvia Pichler in der Familie: der Großvater Schmied, der Vater Architekt und sie selbst auch Architektin. Das Haptische, das Greifbare, das fühlend Erfahrbare interessiert die Boznerin. 2005 gründet sie die Marke *Zilla* und übersetzt ihre Vision von Material und Design in einzigartig geformte, minimalistische Handtaschen mit besonderen Oberflächen.

Die Grundlage des kreativen Prozesses der Designerin ist ihre Begeisterung für die Umwidmung von Materialien und deren Gestaltung in veränderter Form. Dieser spannende experimentelle Ansatz ist kennzeichnend für jedes einzelne Teil, ob Long Bag, Big Shopper, Doc Bag oder Rucksack.

Pichlers Kreationen werden ausschließlich in Norditalien, hauptsächlich aus laminiertem Leder mit Aluminiumfolien, Satin in Alu-Kombination und transluzenten Kunststoffen aus Italien, Deutschland und der Schweiz gefertigt. Die charakteristischen Rucksäcke aus gewachster Baumwolle und Leinen gibt es in vielen Farben und Größen. Pro Jahr lanciert *Zilla* zwei Kollektionen mit je 30 Modellen und arbeitet mit renommierten Partnern zusammen. Die hochwertigen Taschen sind weltweit in ausgewählten Shops erhältlich – jede einzelne ein Statement: My bag is my castle.

insalata-mista studio

25

ADRESSE Rafensteinerweg 12, 39100 Bozen
IG @insalatamista_studio — **WEB** insalata-mista.com

TINA ist die Lampe für Nachttisch, Wand oder Decke, die ein Aluminiumrohr mit einer Linestra-Linienlampe kombiniert. E9 PLANTERS ist das neunkantige, spontan entworfene Pflanzengefäß in limitierter Auflage. LILI ist der Platz sparende, lichtdurchlässige, raumtrennende Schrank in einem Eingangsbereich. Die Schöpfungen des Design-Duos *insalata-mista* sind so unterschiedlich wie Ada Keller und Matthias Pötz selbst, die Gründer*innen. Zusammengearbeitet haben die beiden bereits während ihrer Studienzeit an der Fakultät für Design und Künste der Uni Bozen. 2017 haben sie das multidisziplinäre Designstudio insalata-mista gegründet. Der Name ist Programm und meint die Fertigkeit, mit unterschiedlichen Materialien und Techniken dreidimensional zu arbeiten beziehungsweise auch in unterschiedlichen Feldern wie Möbel-, Produkt- oder Ausstellungsdesign. Ihre Begeisterung, von der Skizze bis zum Produkt alles selbst umzusetzen, treibt sie voran. Zum größten Teil fertigen Ada Keller und Matthias Pötz ihre Objekte tatsächlich selbst von Hand, arbeiten aber auch mit lokalen Herstellern zusammen. So steht jedes Stück sinnbildlich für die Versatilität und Kreativität von insalata-mista.

Guggenbräu

26

ADRESSE Afinger Weg 31, 39050 Jenesien — **T** 0039 3461 3668 91
IG @guggenbraeu — **WEB** guggenbraeu.com

Guggenbräu – Craft aus Leidenschaft ist das Motto der kleinen Hofbrauerei in Afing bei Jenesien. Geteilte Leidenschaft ist halbes Leid und so arbeitet die gesamte Familie, bestehend aus den Eltern Herta und Hans Stuefer, ihren Töchtern Martina und Kathrin sowie Schwiegersohn Matthias daran mit, sechs Sorten Bier in die Flasche und zu den Konsument*innen zu bringen. Das hier in exklusiven Mengen produzierte Bier wird vornehmlich vom eigenen Hof weg verkauft oder per Lieferservice innerhalb Südtirols gebracht.

Angefangen hat das Bierbrauen damit, dass der ursprüngliche Milchbetrieb nicht mehr rentabel war. Auf dem Hof wuchs ohnehin Wildhopfen und schon vor dem Milchbetrieb gab es hier, auf knapp 1.000 Metern Höhe, Getreide. Also baut Guggenbergerhof wieder Gerste und Weizen an. Dazu kommen bis heute sieben Sorten Aromahopfen. Mit Schwiegersohn Matthias steht zudem ein erfahrener Biersommelier im Familienverbund zur Verfügung, der all sein Wissen in das ganzheitliche Tun einbringt.

Guggenbräu ist einer der ganz wenigen Betriebe, die wirklich noch alles selbst erzeugen, was sie zur Produktion brauchen – wohl bekomms!

My Last Summer

27

ADRESSE Rathausplatz 11, 39057 Eppan — **T** 0039 0471 6063 04
IG @mylastsummer_rucksack — **WEB** gluecklich.it

Leichte Rucksäcke in denen man nicht nur die Habseligkeiten eines Ausflugs verstaut, sondern auch mit der Zeit die Erinnerungen an unbeschwerte Sommerunternehmungen. Denn die Rucksäcke, die von Claudia Heiss und Christoph Steiner konzipiert und von Handwerker*Innen der Alpenregion, teils in der eigenen Werkstatt, gefertigt werden, sind: Zeitgemäße und zeitlose Begleiter, die Halten, die aufgrund der organischen Materialien mit der Zeit gehen, wie eine gute Jeans und die in den Stores von *glücklich* (Meran und Eppan, Seite 56) erhältlich sind.

My Last Summer Rucksäcke sind praktische Begleiter zum Liebhaben: Die Materialien Loden aus Bayern, Cotton Canvas (nach Oeko Tex Standard 100 und Better Cotton Initiative zertifiziert) oder, der Stabilität wegen, aus laminierten Stoffen, vegan gegerbtes Leder für Riemen und Gurte und die Fertigung in Italien und am nördlichen Alpenrand, ergeben ein nostalgisches und dennoch zeitgemäßes Gesamtkonzept „Made in Südtirol", dass von urban bis Landpartie und sommerlicher Wandertour, alles wegsteckt. Und, falls nötig, auch zur Reparatur vorbei gebracht werden können.

Sublime

7

ADRESSE Via della Roggia 15b, 39100 Bozen — **T** 0039 0471 9759 69
IG @sublime_bolzano — **WEB** sublime.bz

Das *Sublime* ist eine Instanz in Sachen True Denim, handgemachter Kleidung, überwiegend italienischer, französischer und amerikanischer Labels und Basics aus dem Bereich Casual und Workwear. Das Paar Karin Egger und Lukas Höller beraten deren Kundschaft herzlich und sachverständig – schließlich führen sie viele der Marken schon seit vielen Jahren und kennen die meisten Macher persönlich.

So setzt sich das kuratierte Angebot aus Kleidungsstücken zusammen, die zeitlos im Design und langlebig im Anspruch sind. Ist das teurer als Fast Fashion? Selbstverständlich. Wenn man allerdings in Betracht zieht, wie lange die Sachen halten, auch wenn sie mit der Zeit *faden* und Gebrauchsspuren bekommen, ist es müssig darüber nachzudenken, was sie einst gekostet haben.

Der Fokus liegt auf Herrenbekleidung, aber auch für Damen gibt es hier Erlesenes. Zudem ist Lukas ein fantastischer Local Guide und so haben wir ihn auf den Seiten 86 und 87 um seine Tipps rund um Bozen gebeten.

8 FEINKOST EGGER

Wo das Wasser im Munde...

Ein Metzger mit der Adresse Obstplatz – schon das dürfte einzigartig sein. Was aber hier aus der Bozner Innenstadt kommt, schätzen Anhänger der fleischlichen Genüsse jedoch ganz besonders: handgemachte Räucherwaren, luftgetrocknete Salami, echter Südtiroler Speck, Prosciutto und derlei mehr. Also schnell nach dem Brenner abbiegen und am Waltherplatz parken. Nach einem Aperol Spritz weiter die Gassen hinunterwandern – schließlich im Egger beim höflichen Personal seine Bestellung abgeben. Denken Sie daran, die geplanten Wanderungen können lang sein und die Ferienwohnung sollte einen Kühlschrank haben. Übrigens gibt es hier auch den Ziegenkäse von Unteregger (Seite 146).

Obstplatz 6, 39100 Bozen
Tel: 0039 0471 9755 35, Web: feinkostegger.it

9 OBERRAUCH ZITT

Mode, Stil und Trends

Familie Oberrauch pflegt seit knapp 18 Jahrzehnten das Feingefühl für guten Geschmack und exquisite Bekleidung. Für Generationen von Südtiroler*innen ist das Modehaus ein wichtiger Bezugspunkt, wenn es um stilsicheres und schickes Auftreten, italienische und internationale Mode Marken, Trends und Zeitgeist geht. Mit Oberrauch Zitt weht durch die Bozner Lauben Großstadtflair.

Lauben 67, 39100 Bozen
Tel: 0039 0471 9721 21
Lauben 273, 39012 Meran
Tel: 0039 0473 2704 64, Web: oberrauch-zitt.com

AEON - an adults only place

12

ADRESSE Stauseeweg 9, 39054 Ritten Oberbozen — **T** 0039 0471 1800 907
IG @aeonhotel — **WEB** aeon.it

Seit 2021 steht das *AEON* für moderne Architektur, außergewöhnliches Design und traditionelle Einflüsse. Angelehnt an die Architektur des traditionellen Hofes gleich nebenan und ganz ungezwungen in die Landschaft eingebettet finden hier Liebhaber von Natur, Design und Genuss einen Rückzugsort. In den 15 exklusiven Zimmern und Suiten erleben Sie die Privatsphäre, Ruhe und einen fantastischen Ausblick, für die das AEON errichtet wurde. Beinahe zeitlos erholen Sie sich vom Stress zu Hause.

Der Blick in die Weite mit der Südtiroler Berg-Skyline scheint beinahe unendlich. Das Erleben von Zweisamkeit steht hier im Mittelpunkt. Wo von morgens bis abends die Sonne strahlt, und nachts komplette Stille herrscht, findet man die innere Ruhe wieder. Relaxen im kleinen, aber feinen Wellnessbereich mit Infinity-Pool und Sauna kann eine gute Abwechslung zum Wandern und Radfahren sein. Bozen und „la dolce vita" sind näher als man vermutet.

Bozen liegt nicht nur zu Füßen, es ist auch problemlos mit der Bergbahn zu erreichen und so ist man bequemer „unten" als das mit dem Auto möglich wäre – ein weiterer Entspannungs-Pluspunkt des AEON. Als Bed & Breakfast Hotel haben die Gastgeber immer exklusive Tipps von Holzofenpizzeria bis Michelin-Stern Restaurant, von Shopping bis mondäner Bar, ob in Bozen oder in der Nachbarschaft in Oberbozen parat.

Parkhotel Mondschein

13

ADRESSE Piavestraße 15, 39100 Bozen — **T** 0039 0471 9756 42
IG @parkhotelmondschein — **WEB** parkhotelmondschein.com

Im *Parkhotel Mondschein* ist der Name Programm – und deshalb ist es ideal für Schöngeister und Müßiggänger. Ein Spaziergang durch den Park lohnt zu jeder Tages- und Nachtzeit, die imposante Bergkulisse immer im Rücken. Ehe man auf die ungemein ästhetischen Zimmer geht, lässt man den Gedanken ihren freien Südtiroler Lauf.

Die Brüder Klaus und Moritz Dissertori sind keine Unbekannten in Bozen. Neben dem *1477 Reichhalter*, der *Villa Arnica* und dem *Schwarzschmied* in Lana ist das Mondschein der vierte Streich. Und zwar einer mit Historie: 1330 wurde das Gebäude erbaut und Ende des 19. Jahrhunderts im Stil der Belle Epoque umgestaltet. Heute versprüht es historischen Charme mit seiner efeuumrankten Fassade und den weißen Fensterläden. Drinnen Retro-Interieur, dunkle Echtholzdielen, puristische Möbel – und fertig ist er, jener reduzierte Luxus, der die Besucher*innen mit seinen klaren Linien und der nötigen Funktionalität auf Schritt und Tritt verfolgt. Frühstück nebst hervorragendem Espresso gibt's in der Luna Bar, ab 12 Uhr kleine Köstlichkeiten à la carte. Dann kann man auch schon Spritz nippen, wenn man möchte. Schließlich sind wir ja zum genussvollen Durchschnaufen da.

Seehotel Ambach

14

ADRESSE Klughammer 3, 39052 Kaltern — **T** 0039 0471 9600 98
IG @seehotelambach1973 — **WEB** seehotel-ambach.com

Das *Seehotel Ambach* umweht der warme Wind der 1970er Jahre. Einst hat es Architekt Othmar Barth am Kalterer See geschaffen. Ein Gesamtkunstwerk aus moderner Architektur und Design inmitten einer intakten Natur. Man blickt in ein weißes Halbrund, das einem kleinen Raumschiff gleicht. Klare geometrische Formen, jedes Zimmer mit Seeblick, die Freilufttreppe führt von der Wiese auf die obere Terrasse und von dort ins Innere.

Teile des Interieurs hat Barth einst ganz exklusiv für seine Hotelikone entworfen und hergestellt, sie wurden mit Lampen und Sitzmöbeln der italienischen Moderne kombiniert. Mittlerweile sind auch neue Stücke, ganz bedacht ausgewählt, dazugekommen, sodass der Stil des Hauses noch der gleiche ist wie damals. Das gilt übrigens auch für das Farbkonzept des Architekten. Senfgelb, Olivgrün, Oxidrot ergänzen sich hervorragend mit dem Abendlicht des Kalterer Sees. Die Badezimmer wurden mittlerweile von Walter Angonese umgestaltet.

Die Gastgeber Manuela und Klaus Maran betreiben das Seehotel Ambach seit 2014. Die ehemaligen Windsurf-Weltmeister bewahren die Seele der 1970er Jahre und schaffen doch die Transformation des Hauses ins 21. Jahrhundert. Wohl deshalb fühlen sich Hotelgäste mit Designanspruch in den 32 Zimmern besonders gut aufgehoben.

Weinhotel Stroblhof

15

ADRESSE Pigenoer Weg 25, 9057 St. Michael/Eppan — **T** 0039 0471 6622 50
IG @hotel_stroblhof — **WEB** stroblhof.it

Wer dem Seniorchef Andreas Nicolussi-Leck in seinem Weinkeller bei einer privaten Führung, dabei am Weinglas nippend, zuhören durfte, lernt schnell die kleinen, feinen Weingüter von den großen Betrieben zu unterscheiden. Mit 6 Hektar Weinreben ist das Weingut *Stroblhof* recht überschaubar. So verteilt sich beim Keltern die Aufmerksamkeit nicht auf unzählige Sorten, sondern auf die wenigen, die man hat. Blau- und Weißburgunder, Chardonnay oder Sauvignon Blanc etwa. Die meisten davon gehen „durchs Holz", werden also im natürlich klimatisierten Keller in Holzfässern endgelagert und erhalten so ihre besonderen Noten.

Auf dem Stroblhof kann man dinieren und eines der schönen, geschmackvollen Zimmer beziehen. Natürlich bieten das Spa und Schwimmbad auch Entspannung und Abkühlung. Die Weinkarte im gemütlichen Restaurant führt neben den eigenen auch viele ausgezeichnete Weine aus Südtirol und Italien. Was wir besonders finden, ist aber die Atmosphäre. Wenn man vom Parkplatz durch das Tor mit unzäligen überhängenden Weinranken marschiert, fühlt man sich wie auf einer behutsamen Entdeckung eines verzauberten, mittelalterlichen Schlosses. Das Ganze wird getragen von der netten Begrüßung durch die Mitarbeiter, die immer ein echtes Lächeln im Gesicht haben. Wahrscheinlich sind auch sie von der einzigartigen Atmospähre verzaubert.

Hotel Gasthof Zum Hirschen

16

ADRESSE Malgasottstraße 2, I-39010 Unsere lb. Frau im Walde-St. Felix — **T** 0039 0463 8861 05
WEB zumhirschen.com

Wenn man von Lana über die historische Gampenpass-Straße zum Lago di Santa Giustina fährt, kommt man zum Örtchen Unsere Liebe Frau im Walde. Das klingt nach Abgeschiedenheit – und das ist es auch. Das *Hotel Gasthof zum Hirschen* war einst als Pilgerherberge bekannt und hat es sich hier in intakter Natur zwischen Südtirol und dem südlich gelegenen Trentino gemütlich gemacht.

Nach einem langen Tag in den Bergwelten draußen in der Natur kommen Besucher*innen genau hier zur Ruhe. Frischluft, winters wie sommers, macht natürlich hungrig. Also isst man im hauseigenen Cervo Restaurant bei Ingrid und dem Küchenteam, welches aus überwiegend einfachen lokalen Zutaten raffinierte slow-food Genüsse auf die Teller zaubert. Dabei ist nicht nur die Qualität der Speisen hervorragend, sondern auch die Weinbegleitung aus der Region kann sich mehr als nur sehen lassen – typisch Südtirol eben.

In dritter Generation sind es heute die Geschwister Ingrid und Mirko sowie Mutter Edith, die sich um die Wünsche der Gäste kümmern. Als humanistischer Freigeist hat Vater Giorgio das Entertainment übernommen. Kinder unterhält er dabei ebenso altersgerecht mit seinen Geschichten und Legenden aus der Gegend wie später deren Eltern. Ein Erlebnis.

ZUM HIRSCHEN

EISACKTAL UND BRIXEN

Das Tor zu den Dolomiten, das Tal der Wanderwege, der Ursprung des Törggelen: Von der Quelle des Eisack in der Nähe des Brennerpasses erstreckt sich bis nach Bozen, wo der Eisack in die Etsch mündet, das Eisacktal. Es ist forsch und leidenschaftlich, energisch und zielstrebig. Auf engstem Raum schlängeln sich Wasser-, Auto-, Eisenbahn und Radweg entlang. Bald nach der österreichischen Grenze kommt Sterzing, dann Franzensfeste – eine riesige Festung mit gigantischem Labyrinth, dann Brixen, wo die Rienz in den Eisack fließt; dicht gefolgt von der Künstler*innenstadt Klausen sowie Waidbruck mit der Abzweigung nach Gröden und schließlich Blumau mit der Kreuzung nach Völs, Seis und Kastelruth. In diesem steilen Tal fließt der Wein von den Hängen, die Hühner tragen Steigeisen und einfach alles strebt gen Himmel.

BURGEN, SCHLÖSSER, FESTUNGEN

Eisacktal

IN UND RUND UM DIE ÄLTESTE STADT SÜDTIROLS

Brixen

DAS HOLZKUNSTTAL GRÖDEN

Gröden

EISACKTAL UND BRIXEN

VIEL ZU SCHADE, UM NUR DURCHZUFAHREN

M

MAKER

28 **Andreas Mayr Kondrak**
Lajen

29 **Caroma**
Völs am Schlern

30 **Hiesig Eis.Werk.Statt.**
Ratschings

31 **Laurenz Stockner**
Brixen

32 **Unteregger**
Mühlbach

33 **Monpiër de Gherdëina**
St. Ulrich

G

GASTGEBER

8 **Gassl Bräu**
Klausen

9 **Sprechenstein**
Sterzing

10 **Zunerhof**
Mühlbach

U

UNTERKUNFT

17 **Casa al Sole**
St. Ulrich

18 **Freiform**
Klausen

19 **Hotel Briol**
Dreikirchen

20 **Haus am Turm / Ida Apartments**
Sterzing

21 **ICARO**
Seiser Alm

22 **Milla Montis**
Mühlbach

23 **Hotel Schgaguler**
Kastelruth

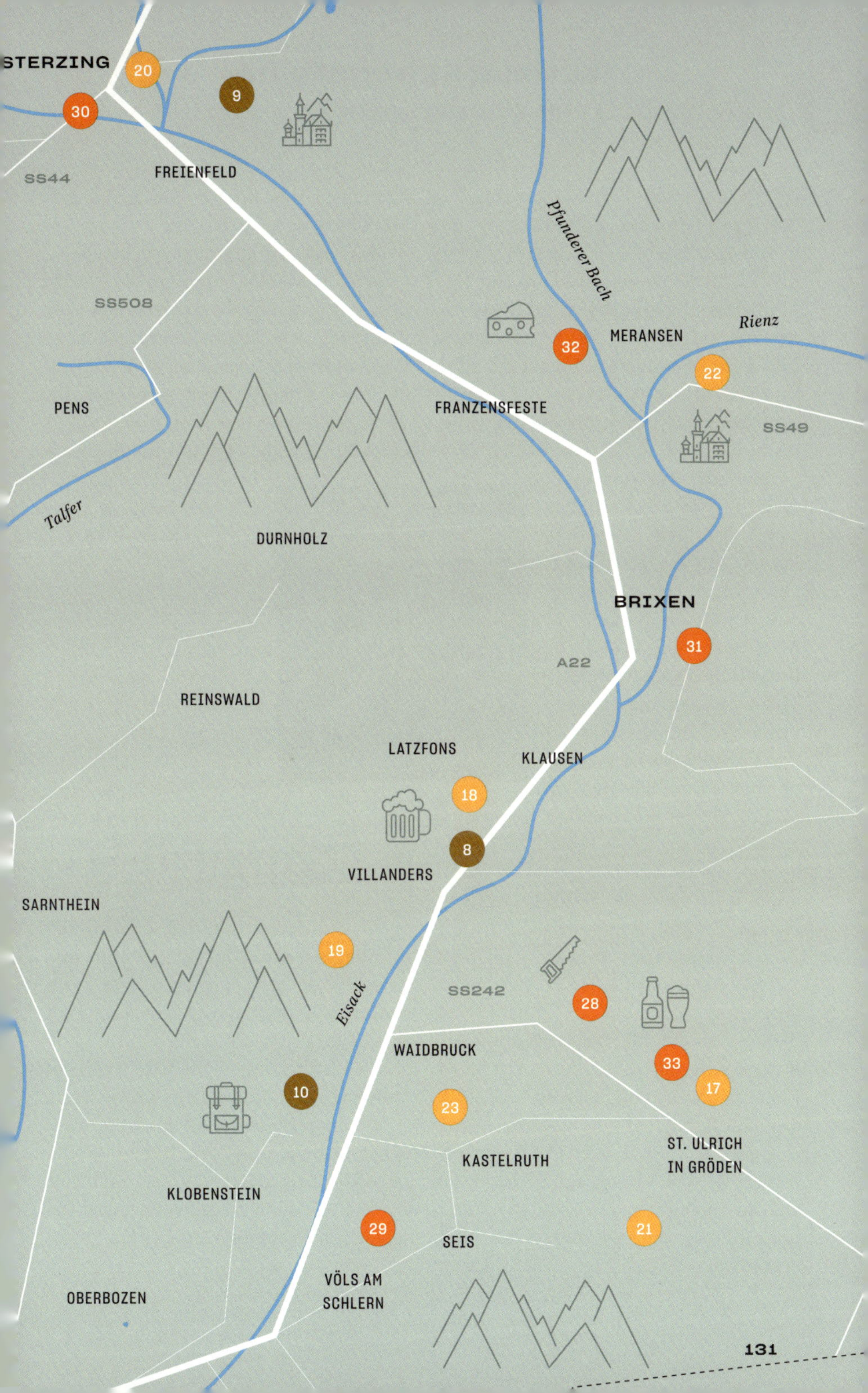
STERZING
20
9
30
SS44
FREIENFELD
Pfunderer Bach
SS508
MERANSEN
Rienz
32
22
PENS
FRANZENSFESTE
SS49
Talfer
DURNHOLZ
BRIXEN
31
A22
REINSWALD
LATZFONS
KLAUSEN
18
8
VILLANDERS
SARNTHEIN
19
Eisack
SS242
28
WAIDBRUCK
33
17
10
23
KASTELRUTH
ST. ULRICH
IN GRÖDEN
KLOBENSTEIN
29
SEIS
21
VÖLS AM
SCHLERN
OBERBOZEN

Isabella Rabensteiner

DESIGNERIN, REISEBUCHAUTORIN UND ALPENEXPERTIN

Isabella und Mike Rabensteiner gründeten 2011 ihr Designstudio *Bureau Rabensteiner* in Innsbruck. Aus der Zusammenarbeit mit einigen der besten Köpfe aus dem Hospitality-Bereich wuchsen Kenntnis und Leidenschaft für Hotels, deren Geschichte und alpine Architektur. Jüngst haben sie im Eigenverlag *Montamont A.T.C.* einen sehr hochwertigen, individuellen Guide über Südtirol herausgebracht.

Naheliegend, dass wir Isabella um persönliche Empfehlungen gebeten haben, um designaffinen Leser*innen Inspiration in Süditirol zu verschaffen. Ähnlich der *Makers Bible* in Ihren Händen steht am Anfang die Recherche, mit dem Finger auf der Landkarte. Dann passiert das, was auch uns mit den wohlgesinnten und herzlichen Südtiroler*innen passiert ist: Man kommt ins Gespräch, man wird sich sympathisch, tauscht Empfehlungen aus, macht sich auf oder fährt einen „Umweg".

Was für Reisende der Faktor der zur Verfügung stehenden Zeit ist, ist für die beiden Autoren die zur Verfügung stehende Seitenzahl. So war es nicht leicht, 45 Empfehlungen im Buch abzubilden, da die Zahl der selbst geschossenen Fotos und die vielen Eindrücke nur ungern limitiert werden. Sieben Tipps finden sich auf den folgenden Seiten. Alle weiteren im wahlweise auf Deutsch und Englisch erhältlichen Reiseführer „Südtirol from Brennerpass to Bozen – Reschenpass to Meran – Bruneck to Sexten".

Südtirol ist eine geschichtlich sehr bewegte Kulturlandschaft. Kein Wunder, ist doch der Brennerpass von jeher der Weg, den frühgeschichtliche Migration, Kaufleute und ganze Heere über Jahrhunderte genommen haben. Die Reisenden zu bewirten, hat also Tradition und der früh erwachte Wettbewerb um die Fremden hat die Südtiroler*innen schon von jeher erfinderisch gemacht, wenn es um ihre gastgeberischen Qualitäten ging. Dazu kommt, dass fast jedes alte Gebäude, welches heute als Hotel oder Raststätte dient, eine lebendige Geschichte hat, deren Anekdoten immer noch gern erzählt werden.

Die ausgesprochenen Naturwein-Liebhaber Isabella und Mike haben bei der Auswahl ihrer Destinationen nicht nur auf das Design des Ambientes geachtet, sondern auch auf die Weinkarten.

DEN MODERNE REISENDEN AN ORTE MIT VISION FÜHREN, DIE SEHNSÜCHTE ERFÜLLEN UND ERWARTUNGEN ÜBERTREFFEN.

WEB
montamont.com
INSTAGRAM
@montamont.atc

1

2

1 — Leben, arbeiten und reisen zusammen: die Rabensteiners

2-3 — Südtirol, Engadin und Vorarlberg, bisher sind drei Guides erhältlich

3

HAUS AM TURM UND VIN ZENZ

Die Weinbar *VIN ZENZ* ist der Platz für Feinschmecker und Feinsinnige, die die besten Zutaten auf dem Teller und gut gemachten Naturwein im Glas schätzen. Was man aus einer einfachen Artischocke machen kann, das zeigen die Gastgeber Veronika und Daniel. Die Küche ist vom Feinsten, der Stil erfrischend entspannt.

Und das Schönste ist, dass, seit das *Haus am Turm* (Seite 155) die Gastronomie nach oben um die wunderbarsten Hotelzimmer ergänzt, Sterzing mehr als nur ein Stopp auf der Reise in den Süden ist. Hier darf man nun auch ganz genüsslich länger verweilen – in der blauen Sauna oder für sich auf der Dachterrasse mit Blick über die Laubengassen der Stadt.

Neustadt 4, 39049 Sterzing
hausamturm.it — @idaapartments

GFELL

Hinter dem Gfell steckt ein junger Geist, das gefällt uns sehr. Auch dass sich hier, mit Wertschätzung für die vorhergehenden Generationen, Neues zum Bestehenden gesellt. So hat Julian – der Gastgeber mit den Geheimtipps für die besten Hütten in der Umgebung – den alten Stadel um 17 Gästezimmer erweitert. Öffnet man die Balkontüre, steht man direkt auf der Blumenwiese. Herz, was willst du mehr?

Gfellweg 22, 39050 Völs am Schlern
gfell.it — @hotel_gfell

GOSTNER SCHWAIGE

Allein die Anreise ist den Besuch wert, am besten mit der Pferdekutsche. Und dann zaubert Hüttenwirt Franz eine Brotsuppe voller Heublüten, die den schönen Ausblick noch verfeinert. Den Kaiserschmarrn kann man, ob im Sommer oder im Winter, leider auch nicht auslassen. Der ist vielleicht der köstlichste, den wir je probieren durften. Den Käse macht Franz selber und so ein Stück oder zwei kann man sich dann auch als Souvenir mitnehmen.

Saltriastraße 13, 39040 Seiser Alm
aussergost.com/de/gostner-schwaige
@gostner_schwaige

PARKHOTEL MONDSCHEIN

Was die Brüder Klaus und Moritz Dissertori mit der Alto Hotel Group in Lana begonnen haben, setzen sie nun in Bozen fort. Die alte Schönheit, das *Parkhotel Mondschein* (Seite 120), öffnet nun wieder seine weißen Fensterläden und zeigt sich in neuem Glanz. Hier mischt sich Zeitgeistiges mit dem Glamour einer vergangenen Zeit und eine neue Generation von Reisenden flaniert in den Park und genießt den Luna Spritz in einer der schönsten Bars, die wir kennen.

Piavestraße 15, 39100 Bozen
parkhotelmondschein.com — @parkhotelmondschein

SCHÖNE AUSSICHT

Den Namen darf man hier schon wörtlich nehmen, wenn man auf 2.845 Metern im dampfenden Holzzuber sitzt. Die glasklare Gletscherluft macht hungrig und es kommen bodenständige, regionale Spezialitäten auf den Teller. Die Nudeln, Knödel und der Apfelstrudel sind grandios. Und so schläft man dann in den urigen Zimmern auch in rot karierter Bettwäsche, wie es sich gehört.

Kurzras, 39020 Schnalstal
schoeneaussicht.it

PARADEIS BEI WEINGUT ALOIS LAGEDER

Das *Paradeis* (Seite 94) ist paradiesisch. Es ist schon etwas Besonderes, inmitten von Zitronenblüten einen Kometen (beispielsweise den einzigartigen Pet Nat) aus dem Weingut Lageder zu verkosten, begleitet von einer feinen, immer frischen und leichten Speise. Wer sich in den Ort verliebt, so wie wir, der kann dort auch heiraten – unsere Empfehlung.

Casòn Hirschprunn Straße 1, 39040 Margreid
paradeis-aloislageder.eu — @alois.lageder

VILLA MESSNER

Die *Villa Messner* ist eine Seele von einem Haus aus den 1930er Jahren. Wer in aller Ruhe im Villnösstal Sommerfrische mit dem imposanten Blick auf die Geislerspitzen machen will, der ist bei den Gastgebern Monika und Hansjörg mehr als gut aufgehoben. Sie haben die Villa mit Hingabe renoviert und hüten auch unzählige Fundstücke, die die Anfangszeit des Tourismus in Südtirol illustrieren. Wir sind fasziniert von Monikas Vitrinen-Schränken, die fast schon ein kleines Museum sind.

Oberhausweg 11, 39040 St. Peter/Vilnöss
villamessner.it — @villa_messner

Christoph Steiner

TEXTIL EXPERTE UND HÄNDLER AUS LEIDENSCHAFT

Christoph Steiner ist Zeit seines beruflichen Lebens Textil-Fachmann. Als Einzelhändler, und Fabrikant wie jetzt oder wie früher, im Vertrieb und ebenfalls im Einzelhandel. Es sind die kleinen Händler und Krämerläden, die es ihm angetan haben und in Südtirol, seiner Heimat, kennt er sie wie kein Zweiter. Naheliegend, dass er uns den Vorschlag gemacht hat ein paar davon, die man sonst vielleicht als Reisende übersieht, in diesem Buch vorzustellen.

WEB
gluecklich.it
INSTAGRAM
@gluecklich.brand

„ICH BIN ZUFRIEDEN, WENN ICH WEISS, WO ICH HINGEHÖRE."

Christoph betreibt das Label und das Geschäft *glücklich* (Seite 56) sowie, seit Neuestem das junge Rucksack-Label *My Last Summer* (Seite 115). Beiden kann man attestieren, dass sie Vergangenes aufgreifen und zitieren, dabei aber moderne und zeitgeistliche Interpretationen darstellen.

Zu wissen woher man kommt, hat meist zur Folge, zu wissen wo man hin will. Nachdem er viele Jahre für andere gearbeitet hat, hat er sich vor gut 15 Jahren mit *glücklich* – der Name ist auch Bestimmung – selbständig gemacht. Schon von Anfang an war es Teil des Ganzen darauf zu achten, wo die Einzelteile her kommen und wer sie wo fertigt; schließlich ist das auch Teil der Identifikation mit einem Produkt: Zu wissen, wer es gemacht hat.

Es ist die Landschaft und deren Kultur im Tale, die gerade die Mentalität der Südtiroler bis heute prägt. Die Ortschaften in den Tälern sind uralt, mit ihren massiven Mauern, den Festungen mit Zinnen und Türmen, eingerahmt von ebenso massiven und erhabenen Bergen. So sind auch die Geschäfte und Handwerker, die Christoph auf den nächsten Seiten zusammengesucht hat, ebenfalls von dieser speziellen Nostalgie geprägt: Die Geschäfte sind schon ewig am Platz, deren Inhaber-Familien ebenso und der „Service" eben besonders persönlich – auch, wenn das nicht ausschließt, dass der ein oder andere davon heut eine Internetpräsenz hat. Denn, da gilt das, was auch Christophs Philosophie beschreibt: Tradition zu achten, schließt modern zu sein nicht aus.

1 — Zukunft ist auch Herkunft; nostalgische Zitate als Grundlage zeitgemäßer Produkte

SANFTL

Ein Kultladen, wenn es um alle möglichen Haushaltsartikel, Grillzubehör und brauchbaren Kleinkram geht, und das mit bester Beratung.

Gerbergasse 16, 39100 Bozen
sanftl.it

LEITNER MÜHLE

In der Leitner Mühle wird das Getreide auf Wunsch immer noch frisch gemahlen, die alte Steinmühle läuft bis heute mit reiner Wasserkraft.

Pflaurenz 38, 39030 St. Lorenzen
leitner-muehle.com

HAUNOLD – ZACHER JOHANN & CO. OHG

Ein feiner Werkstattladen mit besonderen Wollprodukten und viel Schönem aus der hauseigenen Filzproduktion.

Burgweg 2, 39038 Innichen
haunold.info — @zacher_haunold

SCHUHMACHER MARTIN HILPOLD

In Handarbeit und nach Maß fertigt Martin Hilpold gekonnt sein besonderes Schuhwerk an.

Wangergasse 12a, 39100 Bozen
hilpoldshoes.com

GRÖDNER HOLZPUPPEN

In ihrer Werkstatt reproduziert die Schnitzerin und Puppenmutter Judith Sotriffer die Original Grödner Holzpuppen nach alten Vorlagen.

Str. Pedetliva 18, 39046 St. Ulrich
groednerpuppe.com

GEMISCHTWAREN SPITALER

Gibt's nicht – gibt's nicht in Sabines kleinem Lebensmittelladen, und die letzten News und Infos aus dem Dorf kriegt man immer gleich mit dazu.

Michaelsplatz 16,
39057 St. Michael/Eppan

VILLA FRAINELA

Etwas abseits der üblichen Touristenpfade findet man hier Ruhe und das beste Kuchenbuffet weit und breit.

Str. Dantercëpies 66,
39048 Wolkenstein
villafrainela.com

EHRLICH

Feinen Faden, Knopf und Nadel sowie Kurzwaren und Unterwäsche gibt's im Laden von Familie Ehrlich-Moser.

Rennweg 11, 39012 Meran

KIKINGER

Das Drogerie- und Kerzenfachgeschäft im Herzen von Meran gibt es seit 1845 und ist somit eines der ältesten Geschäfte der Stadt. Vorbeischauen lohnt sich.

Laubengasse 165, 39012 Meran
kikinger.it

KRÄUTERGARTEN WIPPTAL

Früher einmal Apotheke, heute ein Bioladen mit den besten Produkten direkt von den eigenen Feldern.

Neustadt 1, 39049 Sterzing
biowipptal.it

NIGG

Gute Metzgereien gibt's in Südtirol viele, eine Empfehlung wert ist die Traditionsmetzgerei Nigg mit hauseigener Produktion nach alten Rezepturen.

Karl-Atz-Platz 3, 39018 Terlan
metzgereinigg.com

APOTHEKE MADONNA

Den besonderen Apothekerladen mit altem Arredo gibt's seit nun über 500 Jahren. Neben klassischer Arznei kauft man hier Wirksames aus Natur und Homöopathie.

Lauben 17, 39100 Bozen
farmaciamadonna.com

Andreas Mayr Kondrak

28

ADRESSE Handwerkerzone 13, 39040 Lajen — **T** 0039 3351 7792 22
IG @andreasmayrkondrak — **WEB** andreasmayrkondrak.com

In der Werkstatt von *Andreas Mayr Kondrak* entstehen Möbelstücke und Einrichtungsgegenstände, die individuell und außergewöhnlich sind. Alle Stücke sind dabei so einzigartig wie der Chef selbst, der täglich an neuen Designs feilt. Hauptwerkstoff ist Massivholz, das er virtuos mit anderen Materialien wie Stahl, Aluminium, Bronze oder Leder zu Unikaten formt.

Ehrliches Design und ein bewusster und respektvoller Umgang mit den Ressourcen lautet Andreas Philosophie. Nachhaltigkeit ist dabei kein Trend, sondern eine Haltung. Auch deshalb lässt er sich von unverkennbaren Wuchsmerkmalen und der natürlichen Struktur seines Materials leiten. Massivholz gepaart mit gegossenen und geschweißten Elementen lassen so seine einzigartigen Designmöbel entstehen. Überwiegend Tische und Stühle, aber auch Regale, Lampen oder andere Kunstmöbel. Die Objekte können natürlich gerne nach Kundenwünschen und enger Absprache gefertigt werden – Andreas' Spektrum ist breit gefächert und alles entsteht in liebevoller Handarbeit. Einen kleinen Eindruck seiner Arbeiten erhält man über seine Instagram-Seite. Noch besser jedoch: Einfach im Showroom bei St. Ulrich vorbeifahren und ihm persönlich einen Besuch abstatten. Denn manchmal sieht man mit den Händen noch besser als nur mit den Augen.

Caroma

29

ADRESSE Handwerkerzone St. Anton 92, 39050 Völs am Schlern — **T** 0039 0471 7256 51
WEB caroma.info

Er war der erste Kaffee-Sommelier Italiens. Was man darunter verstehen kann, erklärt Röstmeister Valentin Hofer gern, wenn man ihn in seinem Reich in Völs am Fuße des Schlern besucht. Hier werden ausgewählte Rohkaffeebohnen aus aller Welt im Trommelröster im schonenden Langzeitröstverfahren zu schwarzem Gold veredelt. Dem Qualified Coffee Expert und Chief Coffee Sommelier stehen in der Rösterei seine Frau Irmi und weitere 20 begeisterte Kaffeeexpert*innen, Baristas und Coffeolog*innen bei. Mit derselben Leidenschaft wie er verarbeiten sie die Bohnen, die in 60 Kilogramm schweren Jutesäcken aus über 80 Anbauländern nahe des Äquators anreisen.

Gegründet hat Valentin Hofer *Caroma* 1995. Mittlerweile hat er sich mit der Rösterei international für seine hochwertigen, sortenreinen Spezialitätenkaffees einen Namen gemacht und ist bei Fachleuten für seine Kurse und Schulungen rund um wichtiges Kaffeewissen bekannt. Spätestens wenn der Kaffee-Missionar – denn für ihn sind das Rösten und der Bezug zu diesem edlen Produkt eine wahre Philosophie – höchstpersönlich durch die Schaurösterei und das Coffeeseum führt und auf seine Sammlung von 2.009 Kaffeemühlen zeigt, versteht man, wieso er für die Röstkunst brennt.

Hiesig Eis.Werk.Statt

30

ADRESSE Hauptstraße 6, 39040 Gasteig/Ratschings — **T** 0039 3338 5669 93
IG @hiesig_eis.werk.statt — **WEB** hiesig.it

Im *Hiesig* gibt's handwerkliches Speiseeis aus regionalen Zutaten. Dafür verantwortlich sind Christina Gasser, studierte Finanzwirtin, und Peter Stuefer, gelernter Koch. Natürlich kommen sie beide „von hier", sonst würde der Name ihres Unternehmens ja schon keinen Sinn mehr ergeben. Und weil es einfach kein gscheides – also bekömmliches, nachhaltiges, handwerklich exzellentes – Eis in Ratschings gegeben hat, haben die beiden anfänglich aus der Garage heraus an ihren ersten Rezepten getüftelt und das Ganze einfach selbst gemacht.

Heraus kommen Kreationen, die je nach Saison variieren und dabei sowohl Eispuristen wie Feinschmecker zufriedenstellen. Deshalb gibt's Dunkle Schokolade oder Erdbeere ebenso wie Apfelstrudel, Topfenknödel oder Hiesamisù, wobei Letzteres ein leckerer Mix aus Mascarponeeis, Löwenzahnkaffee und hausgemachten Savojardi ist. Das Hauptaugenmerk liegt bei Christina und Peter auf frischen und lokalen Zutaten. Das, was hier nicht wächst, Schokolade etwa, kommt von kleinen Genossenschaften, die fair produzieren. Weil das Eis nicht nur nachhaltig ist, sondern auch sensationell schmeckt, liefern die Eismacher einmal die Woche an Cafés, Restaurants und Hotels in ganz Südtirol.

Laurenz Stockner

31

ADRESSE Fugsdorf 21, 39042 St. Andrä/Brixen — **T** 0039 3475 0099 98
IG @laurenzstockner — **WEB** laurenz.it

Er nennt sich bescheiden Kunstschmied und Metallgestalter. Neben der ausgesprochen hohen Ästhetik seiner Werke sind das schon allein drei Gründe, warum er in dieses Buch gehört. Denn er ist nicht nur Schmied, diesen Beruf hat er gelernt, er hat sich auch Zeichnen und Goldschmiedekunst gründlich beibringen lassen. (Zudem hat er bei Robert Condin in Tramin gearbeitet – treue Leser*innen erinnern sich an die Makers Bible *The Alps*).

Für seine Schalen aus heimischem Kupfer verhüttet und verarbeitet er Zementkupfer aus dem Bergwerk Prettau im Südtiroler Ahrntal, das dort in althergebrachter Weise gewonnen wird. Für ihn lohnt es sich immer noch, denn der sonst teure Rohstoff ist erst einmal günstig zu haben, fügt seinen Obejkten aber eben auch eine einzigartige Geschichte hinzu.

So ist beispielsweise eine Schale von Laurenz Stockner eines jener wirklich selten gewordenen Güter, die wirklich noch von einem Ort und aus einer Hand hergestellt werden. Vom Ursprung bis zur Form. Nicht zuletzt deswegen rangiert sein Wirken als Kunst und nicht als Herstellung. Auszeichnungen und Ausstellungen in Galerien und Kunstsammlungen belegen diesen einzigartigen Wert.

Unteregger - Bauernladen & Hofkäserei

32

ADRESSE Unterlände 3, 39037 Vals / Mühlbach — **T** 0039 3404 1930 08
IG @unter_egger — **WEB** unteregger.it

Es klingt wie aus einem Businessplan: Die Produktion eines Produkts erzeugt ein Nebenprodukt. Das wird wieder zu einem Produkt. Das Unteregger-Motiv war etwas anders; das Prinzip ist jedoch dasselbe. Warum etwas vergeuden, das auf natürliche Weise vor Ort produziert wird, sodass kein Transport erforderlich ist? Es geht um Molke aus Ziegenmilch und die Milch selbst.

Die Milch wird zu Käse, die Molke wird zu Kosmetik: Auf die Haut aufgetragen, schützen die Antioxidantien und die Milchsäure der Molke die Haut vor freien Radikalen und entfernen abgestorbene Hautzellen. Damit ist Molke eine natürliche Anti-Aging-Substanz. Oder um es mit den Worten von Käser Manuel Zingerle zu sagen, der nach seiner Ausbildung zum geprüften Käsesommelier den Meister der Milchtechnologie machte: „Molke enthält natürliche Milchsäure, die den pH-Wert reguliert, die Haut vor Stress schützt und Feuchtigkeit liefert, wodurch sie sich samtig weich anfühlt."

Der Untereggerhof in Vals auf 1.200 Meter Höhe besitzt rund 160 weiße Deutsche Ziegen. 350 Liter Milch produzieren die schlauen Viecher täglich. Das Ergebnis der Milch sind verschiedene Ziegenkäsesorten von Weich- bis Hartkäse, die im Hofladen degustiert und gekauft werden können.

UNTER
EGGER
COSMETICS
WHEY - MOLKE
HAND CREAM
WHEY COSMETICS FROM THE ALPS

Monpiër de Gherdëina

33

ADRESSE J.B.-Purger-Straße 181, 39046 St. Ulrich — **T** 0039 3426 7413 22
IG @monpierdegherdeina — **WEB** monpier-gherdeina.it

„Noch ein Bier", im Ladinischen „mo n pier" bzw. *Monpiër* ist der simple, aber eindeutige Name der 2016 gegründeten Mikrobrauerei aus St. Ulrich in Gröden. Gebraut werden die verschiedenen, weder pasteurisierten noch mikrofiltrierten Biere seit 2019 von Braumeister Davide Marinoni. Die Biere von Monpiër – insgesamt an die 30 Sorten – unterteilen sich in drei Linien: die traditionelle mit den klassischen ober- und untergärigen Bieren, die kreative Lab-Linie mit experimentellen Bieren und die Barrel-Linie mit den in Holzfässern gereiften Bieren.

Die spannendsten Produkte sind letztere, nämlich die Sauerbiere beziehungsweise die Spontangärungen, die über die lokale, deutsch geprägte Tradition und für diese Alpentäler typischen Lagerbiervarianten hinausgehen. So originell wie die Namen und Zeichnungen auf den Flaschen ist der Geschmack – Spontaneum Gardenensis Blend 2019, Wild Lichtenhainer oder Urtijëi 1230 Imperial Smoked Porter, beispielsweise. Gelagert werden diese Hopfensäfte auch in ehemaligen Wein-, Rum- oder Whisky-Fässern, bevor sie in Flaschen abgefüllt werden und weiterreifen.

Im Brew Pub „LaBetula" – Ladinisch für „die Kneipe" – gleich neben der Brauerei werden natürlich Monpiër-Biere gezapft, eine große Auswahl an Craft-Bieren aus aller Welt serviert und Burger aus Südtiroler Fleisch aufgetischt.

8 GASSL BRÄU

Eine Klause in Klausen

Ein Gasthof, wie wir ihn lieben. Helga und Norbert Andergassen wissen, was ihre Gäste schätzen. Ein gemütliches Wirtshaus mit Biergarten mitten in Klausen – ja, das ist der Ort an der Brennerautobahn, wo das Navi nur noch 29 Minuten bis Bozen anzeigt –, der unbedingt einen Stopp wert ist, schon wegen der hausgemachten Biere. Ein Gassl vom Fassl gibt es nämlich nur hier (und in ein paar Kneipen rundum) und sonst nirgendwo. Also unbedingt das Südtiroler Knödeltris probieren – und wer noch fahren muss: Das Bier kann man auch in Flaschen kaufen.

Gerbergasse 18, 39043 Klausen
Tel: 0039 0472 5236 23, Web: gassl-braeu.it

TIPP

TÖRGGELEN

Törggelen stammt vom lateinischen Wort torquere, womit das Pressen der Trauben in der Weinpresse, der Torggl, gemeint ist. Neugierig, wie denn der neue süße Wein (nur schwach vergorener Traubenmost) beim Nachbarhof schmecken würde, gingen die Menschen jedes Jahr im Herbst von Hof zu Hof und von Torggl zu Torggl, um den jungen Wein zu verkosten. Der Tiroler Schriftsteller Josef Weingartner schreibt in seinen Büchern, dass dazu „gebratene Kastanien sowie Nüsse und hartes Brot verzehrt“ wurden.

Das Eisacktal ist die Wiege des Törggelen. Mitte September bis Anfang Advent wird „getörggelet“.

HUBENBAUER, VAHRN

Nicht nur ein jahrhundertealter Buschenschank, sondern auch Brauerei und Eisdiele.
hubenbauer.com

LAITNKELLER, VÖLSER AICHA

Gutes Ziel nach einer Wanderung ab Schloss Prösels über den „Oachner Höfeweg“.
guntschoellerhof.it

WIESLERHOF, BURGSTALL

Weinberge, Kastanienhaine, Obstwiesen, Ausblick auf das Etschtal und ein Wetterkreuz.
wieslerhof.com

EBNICHERHOF, OBERBOZEN

Tief unten Bozen, hoch oben die Rittner Seilbahn, rundherum Kastanien und Wein.
FB: @Ebnicher

Sprechenstein

9

ADRESSE Sprechenstein 1a, 39049 Sterzing — **T** 0039 3518 8870 86
IG @sprechenstein — **WEB** sprechenstein.it

Farm to table. Nose to tail. Eigene Wagyu Rinder seit 2018 und eine hauseigene Käserei. Natürlich ist auch das Sauerteigbrot selbst gebacken. Eine schmucke über 800 Jahre alte Burg, als könne sie das Cover eines Buches über Südtirol zieren, direkt vor der eigenen Nase. Mittags bietet das *Sprechenstein* für den Gast einfache Gerichte. Abends wird dann jedoch für den Gourmet Gaumen gezaubert. Es ist ein junges, selbstbewusstes Team in der Küche und im Service, das sich nicht so leicht in ein Klischee oder eine Restaurantbeschreibung pressen lässt.

Gleich hinter der Mautstelle, wenn man endlich in Italien ist, kommt links von der Brennerautobahn das Sprechenstein. Wie schon an anderer Stelle in diesem Buch beschrieben, wird das Eisacktal leider nur allzu oft durchfahren. Dabei lohnt sich der Aufenthalt. Auch und besonders gleich hinter der Grenze. So ist Sterzing einen Aufenthalt genauso wert, wie das etwas außerhalb liegende Sprechenstein – denn Apartments haben sie dort selbstverständlich auch.

Casa al Sole

17

ADRESSE Str. Scurcià 2, 39046 St. Ulrich — **T** 0039 0471 7964 37
IG @casaalsoleortisei — **WEB** casa-alsole.it

Manchmal genügt ein kurzer Blick auf die Postkarte und man weiß, da möchte ich hin. Beim Grödner Tal und einem Blick über Sankt Ulrich fällt der rote Fleck vor der Kirche direkt auf. Die *Casa al Sole*, ein Bed & Breakfast mitten im Dorf. Die leidenschaftlichen Gastgeber Alexandra und Manuel haben sich hier ihren kleinen Traum verwirklicht: einen Ort, an dem Fremde herzlich aufgenommen werden und sich augenblicklich wohlfühlen.

Architektonisch geht die *Casa* auf den Rationalismus der 1930er Jahre zurück. Jüngst haben die Gastgeber das Haus sehr geschmackvoll renoviert und, wo es möglich war, Altes stehen gelassen. Altes Mauerwerk existiert parallel zu Stahl, Lärchenholz, Naturstein und Lehm. Die Zimmer haben eine skandinavische Reduziertheit verordnet bekommen, die wohltuend und obendrein sehr behaglich ist. Morgens wartet ein sich täglich änderndes Frühstücksangebot mit regionalen Produkten auf die Gäste. Abends darf dann an der Bar ein Glas Naturwein nebst Bauerntoast oder Aufschnitt vom lokalen Metzger genossen werden. Das Herzstück der Casa al Sole sind jedoch Manuel und Alexandra. Wer etwas wissen möchte, erfährt es von den beiden. So werden Outsider zu Insidern und andersherum. Eine perfekte Symbiose — mit atemberaubender Aussicht aufs Grödner Tal.

Freiform - Private Guesthouse

18

ADRESSE Verdings Pardell 52, 39043 Klausen — **T** 0039 3888 7086 57
IG @freiform_private_guesthouse — **WEB** freiform.it

Ein „gläserner Solitär", eine „begehbare Skulptur" – so beschreibt die Website des „best architects Award" das ca. 65 Quadratmeter private Guesthouse, bei dem die Grenzen zwischen drinnen und draußen so fließend sind wie die zwischen Freiheit und Geborgenheit. Kein Wunder, sondern ein Architektur gewordener Traum. Fließende Formen, ausgewählte, handwerklich verarbeitete Materialien und viel Glas vor atemberaubender Kulisse. Architekt Martin Gruber und seine Frau Anita haben mit der *Freiform* am Biohof Unterrunger in Verdings eine Bleibe geschaffen, mit der man jede Jahreszeit und jedes Wetter willkommen heißen kann. Denn im Gewitterregen oder Schneesturm zu stehen, ohne nass zu werden, weckt Energie und Inspiration, beruhigt und erdet gleichermaßen. Hier ein paar Tage ausspannen und man ist ein anderer Mensch, garantiert. Dazu gibt es die spritzige Urbanität des Bozner Waltherplatzes nur 34 Kilometer entfernt.

Den Geist der freien Form trägt der Architekt Martin Gruber mit seinen spektakulär schlichten Wohn- und Hotelbauten das Eisacktal hinauf bis in den süddeutschen Raum. Wir sind schon sehr gespannt auf neue Entwürfe, vielleicht sogar die eigenen, gemeinsam ersonnen mit dem Architekten in seinem Studio, keine hundert Schritte entfernt von der Freiform.

Hotel Briol

19

ADRESSE Briol 1, 39040 Dreikirchen / Barbian — **T** 0039 0471 6501 25
FB @hotelbriol.it — **WEB** briol.it

Auf 1.310 Metern schmiegt sich das *Hotel Briol* in die Bergwiesen über Barbian. Direkt gegenüber erhebt sich die Dolomitenkulisse – und dann zählen nur noch Ruhe, Erholung und Entspannung. Möglich machen das die Gastgeber, die jede Sekunde darauf bedacht sind, den Urlaub zu etwas Besonderem zu machen.

Das fängt schon bei der Architektur des Hauses an. Der Künstler Hubert Lanzinger erbaute das Haus im Jahre 1928, und deshalb strahlt es diesen besonderen klaren Bauhausstil aus. Das durchkomponierte Haus mit seinen 13 Zimmern ist noch immer in Familienbesitz. Das Motto lautet: auf das Wesentliche reduziert. Viel Holz und urgemütlich. Auf jeder Etage gibt es je drei Gemeinschaftsbäder. Denn wer hierherkommt, der möchte Abschalten, Kraft tanken, Durchschnaufen und sich dem Luxus des Einfachen hingeben.

Eine knappe Stunde muss man zu Beginn hinaufwandern zum Hotel. Für Fußlahme gibt's auch ein Offroad-Taxi. Das Handy oder der Laptop haben hingegen Sendepause, kein Signal und auch kein Wifi sorgen für Ruhe. Dafür gibt es viele Möglichkeiten zum Wandern, Mountainbikefahren oder für einen Sprung in den eiskalten Pool. Fröstelnde gehen anschließend in die Waldsauna oder machen vom Wärmeflaschenservice Gebrauch. Heizung gibt es keine, dafür regionale und saisonale Küche, auf dem Holzofen zubereitet.

Haus am Turm / Ida Apartments

20

ADRESSE Neustadt 4, 39049 Sterzing — **T** 0039 0472 7654 28
IG @idaapartments — **WEB** hausamturm.it

Die erste Ausfahrt der Brennerautobahn in Italien heißt Sterzing. Das Städtchen hat beileibe weit mehr zu bieten, als nur ein Durchreise-Ort zu sein. Hier, gleich neben dem markanten Zwölferturm, befinden sich das kleine Boutique Hotel *Haus am Turm* mit seiner Enoteca Vinzenz und den gleich danebenliegenden *Ida Design Apartments*.

Erbaut um 1400, sind die Spuren der Vergangenheit im Haus am Turm und dem Ida allgegenwärtig: Sichtbares Sternrippengewölbe, gotische Stuben und beim Blick aus den Fenstern auf die gegenüberliegenden Häuser nebst Turm erkennt man die Architektur des Mittelalters. Die unterscheidet sich nicht zwischen „italienisch“ und „deutsch“ – und die viel zitierte und noch mehr zelebrierte Lebensart tut das hier auch nicht.

Das Motto „klein, aber fein“ zieht sich durch das gesamte Konzept der Gastgeber: Auf der kleinen Speisenkarte hat nur das Beste der Region Platz. 12 Zimmer im Haus am Turm sind sicher kein Grand Hotel, dafür die Weine zahlreich und von erlesener Qualität – genau wie die reduzierte, aber handwerklich äußerst geschmackvolle Inneneinrichtung der Zimmer und Apartments. Qualität zu erschwinglichen Preisen ist hier ebenso Teil der Identität wie die Herzlichkeit der Gastgeber.

Hotel ICARO

21

ADRESSE Piz 18/1, 39040 Seiser Alm — **T** 0039 0471 7299 00
IG @icaro_hotel — **WEB** hotelicaro.com

Weiden, Wiesen, Berge, so weit das Auge reicht. Sattgrün, magisch weiß und silberbleich-grau. Dort, wo sich einst vor langer Zeit Korallenriffe türmten und Vulkane spien, tragen nun Berge kuriose Namen wie Langkofel, Plattkofel, Rosszähne, Schlern. Dort steht 1.910 Meter über dem Meeresspiegel auch das *ICARO*. Seit über 80 Jahren überblickt und hütet es die Seiser Alm, seit Juli 2021 mit neuer, spannender Architektur und inspirierendem Design- und Kunst-Innenleben.

Gerade so, als ob es zur Umarmung bereit wäre, empfängt das Haus von Weitem mit würdevollen, offenen Armen und spiegelt gleichzeitig die geballte Kraft eines Flügelschlags wider. Die neue Architektur vom renommierten Brixner Architekturstudio Modus greift auf den Archetyp einer Schutzhütte aus Holzstämmen in den Bergen zurück und wurde unter Verwendung nachhaltiger Materialien und in Zusammenarbeit mit lokalen Handwerksbetrieben umgesetzt. So ist das ICARO nicht bloß Hotel, sondern Gesamtkunstwerk. Wie sehr hier auf Finessen geachtet und auf Ästhetik gesetzt wird, zeigen teleskopförmige Zimmer und Suiten, Pool- und Spabereich, Restaurant, Bar und sogar die Garage. Das Refugium direkt und mitten auf der Seiser Alm ist ein sprudelnder, lebendiger Ort zum Ausruhen und Träumen, zum Treffen und Diskutieren, zum Regen und Sich-Bewegen, zum Genießen und Sinnieren, zum Nichtstun und Geschichten schreiben ...

Hotel Milla Montis

22

ADRESSE Meransen-Huberstraße 25, 39037 Mühlbach — **T** 0039 0472 5202 78
IG @hotel_millamontis — **WEB** millamontis.com

Unterhalb von Meransen schmiegt sich das *Hotel Milla Montis* an den Hang. Zart und harmonisch, in schlichter Extravaganz. Die geschwungenen Elemente der Fassade erinnern an einen Holzstadl und das Hotel mit seinen vier versetzten Volumen wirkt so, als gehörte es schon immer hierher. Im Rahmen des Wettbewerbs „Ursprung, neu definiert" erhielt der Architekt Peter Pichler den Zuschlag. Seinen Entwurf fanden die Betreiber Franziska und Roland Oberhofer so gelungen, dass das Pustertal nun ein Highlight mehr hat.

Ein zeitloser alpiner Stil erwartet die Besucher*innen drinnen, wobei sehr viel einheimisches Holz verwendet wurde. Das strahlt Geborgenheit aus. Alle Zimmer, einige mit Sauna, aber alle mit Loggia oder Terrasse, sind nach Süden hin ausgerichtet und eröffnen Blicke in die Dolomiten. Die Lodenbezüge der Möbel bringen die Farben des Waldes ins Interieur. Bäder und Spa sind aus schwarzem Schiefer, die Hotelbar mit Passeirer Gneiss veredelt.

Im Hotel Milla Montis steht Roland, gelernter Koch, am Herd und kredenzt eine alpine Küche, die ehrlich und raffiniert zugleich ist. Das Motto: Streng regional. Je kürzer die Transportwege, desto mehr Geschmack kommt auf den Teller. Alles in völliger Transparenz mit einem offenen Küchenkonzept. So können die Gäste dem Team bei ihrer Handarbeit quasi über die Schulter schauen und anschließend die liebevoll dekorierten Teller genießen.

Hotel Schgaguler

23

ADRESSE Dolomitenstrasse 2, 39040 Kastelruth — **T** 0039 0471 7121 00
IG @schgagulerhotel — **WEB** schgaguler.com

Die Liebe zu Berg und Natur haben Martin, Tobias und Peter Schgaguler vom Vater Gottfried geerbt. Aber auch den Respekt vor einer Umgebung, die nicht nur Ruhe, sondern viel Kraft gibt. Da ist es nur konsequent, dass Natur, Architektur und Mensch im *Hotel Schgaguler* die Hauptrollen spielen. Erstere ist die Bühne, vor der sich alles abspielt. Ein Blick aus den großen Panoramafenstern genügt, um den eigenen Atem gleichmäßiger werden lassen. Zur Ruhe kommen, entspannen.

Neben dem herzlichen Schgaguler-Team tut die Architektur das Ihre dazu, dass Gäste sich hier rundum wohlfühlen. Peter Pichler hat das Haus entworfen. Herausgekommen ist ein markanter Gebäudekomplex mit nordischem Touch. Reduziert, aber wunderbar behaglich. Mit der Natur draußen, in der es so viel zu entdecken gibt, und der Erholung beim Geruch von hellem Kastanienholz drinnen. Im Spa mit Finnischer Sauna, Dampfad, Schlammbad und den beiden Pools dürfen die Akkus wieder aufgeladen werden. Kulinarisch muss man dabei keine Kompromisse eingehen. Alpine Küche gibt es hier frisch interpretiert, wobei ausschließlich lokale und saisonale Produkte verwendet werden. Das gilt natürlich auch für die Südtiroler Weine. Gemeinsam mit der Intensität der allgegenwärtigen Natur die perfekte Kombination, die der Mensch braucht.

10 ZUNERHOF

Altes Haus, moderner Spirit

Marende, Suppen, Knödel, Fleischiges und Süßes aus biologischen, lokal angebauten Zutaten, direkt am Kastanienweg: Der Zunerhof geht zurück auf das 12. Jahrhundert und verbindet weltoffen Tradition mit Zeitgeist. Samstags wird ab und zu gebruncht und Urlaub auf dem Bauernhof geht auch.

Antlas 17, 39054 Lengstein/Ritten
Tel: 0039 0471 3490 06, Web: zunerhof.com

TIPP

SEEN UND NATURBÄDER

Eine ausgezeichnete Wasserqualität garantiert Badespaß in Südtirol für Groß und Klein. Neben klaren Seen bieten Naturbäder eine weitere attraktive Möglichkeit sich an heißen Tagen abzukühlen.

NATURBADETEICH LÜSEN

Von Anfang Juni bis Ende August kann im Naturbadeteich, der sich harmonisch an die friedliche Landschaft anpasst, geschwommen und geplantscht werden.
Bergerstraße 3, 39040 Lüsen

NATURBAD GARGAZON

Hier findet man ein ökologisches Gesamtkonzept, das mit einem angelegten Bachlauf und einem speziellen Kleinkinderbecken zu einem Erlebnis für die ganze Familie wird.
Bahnhofstr. 37, 39010 Gargazon

NATURBADESEE TOBLACH

Nach einer anstrengenden Wanderung in den Dolomiten kann man sich im Naturbadesee Toblach erfrischen und die Naherholungszone „Grieswaldile" für Entspannung, Abenteuer und Bewegung nutzen.
Sportzone Gries, 39034 Toblach

KALTERER SEE

Der wärmste Badesee der Alpen lockt Besucher*innen mit vier Seebädern. Doch nicht nur baden, auch Boot fahren, segeln und windsurfen kann man hier.
St. Josef am See, 39052 Kaltern

VÖLSER WEIHER

Am Fuße des Schlern findet man den Völser Weiher, der zu den saubersten Badeseen Italiens gehört. Das angelegte Kneippbecken lädt zum Wassertreten ein.
Weiherstraße, 39050 Völs am Schlern

PUSTERTAL UND BRUNECK

Wenn die Atmosphäre grüner wird, die Berge bleicher, die Winter länger und die Sommer knackiger, die Drei Zinnen aus der Ferne winken, sich an der Mühlbacher Klause das Tal öffnet und zur österreichischen Grenze hin immer breiter und gemütlicher wird, ist das *Pustertal* erreicht. Idyllisch und rau, hip und schlau, in Südtirol ist auch der Osten wild. Seen und Flüsse, Gipfel und Almen, *ah!*, die Dolomiten. Abstecher in Ahrn-, Antholzer-, Gsieser- und Gadertal zu beiden Seiten. Region mit einem äußerst prägnanten Dialekt. Bruneck, der Hauptort, bildet mit Leichtigkeit perfekt ab, was Südtirol heute ist: Skateboard und Kletterseil, Rucksack und Clutch. Südtirol für Insider.

URBANES ZWISCHEN WALD UND WIESEN

Bruneck

ENTLEGEN UND ENTSPANNEND

Ahrntal

WELTERBE, WANDERN, WELTKRIEGSSCHAUPLATZ

Dolomiten

BRUNECK UND PUSTERTAL

INDIVIDUELLES ZIEL IN ABWECHSLUNGSREICHER UMGEBUNG

M

MAKER

34 **Das Ganze Leben**
Bruneck

35 **Ega Water**
Alta Badia

36 **Farmacia Dobbiaco**
Toblach

37 **Herman Kühebacher**
Niederdorf

38 **Reinhold Stoll**
Taisten / Welsberg

39 **Haunold - Zacher**
Innichen

40 **TEAM DR JOSEPH**
Bruneck

G

GASTGEBER

10 **Lodenwirt**
Vintl

11 **Kunstraum Café Mitterhofer und Manufakt**
Innichen

12 **Rifugio Scotoni Hütte**
Alta Badia

U

UNTERKUNFT

24 **Biohotel Bühelwirt**
Ahrntal

25 **La Pedevilla Chalet**
St. Vigil in Enneberg

26 **Niedermairhof**
Bruneck

27 **Ovina's Haus**
Sand in Taufers

28 **Lagació Mountain Residence**
Alta Badia

29 **Schwarzensteinhütte**
Ahrntal

PRETTAU
ÖSTERREICH
29
Ahr
24
STEINHAUS
SS629
LUTTACH
27
SAND IN TAUFERS
ANTHOLZ MITTERTAL
ST. MAGDALENA
ST. MARTIN
10
26
BRUNECK
40
KIENS
34
ST. LORENZEN
SS49
Gsieser Bach
38
WELSBERG
37
Rienz
NIEDERDORF
36
TOBLACH
11
39
INNICHEN
25
ST. VIGIL
SS244
SS51
ABTEI
STERN
Gader
28
35
12
VENETIEN

Caroline Willeit

ARCHITEKTIN — KULTURELLE BEWAHRERIN — GASTGEBERIN

Die Südtiroler Architektin Caroline Willeit ist heute gar nicht aktiv in einem Architekturbüro tätig. Das verleiht ihr für uns diese gewisse Neutralität, die uns Sie hat fragen lassen, ob sie in diesem Buch ein paar Beispiele südtiroler moderner Architektur vorstellen kann. Natürlich kann sie – auf den folgenden Seiten.

Die 1980 in Bruneck geborene und unweit in Gais aufgewachsene Caroline studierte Architektur in Graz. Während ihres Studiums war sie in der Steiermark auch an deren Kultur interessiert und engagierte sich für verschiedene lokale Organisationen. Ihre berufliche Leidenschaft aber gehört der Architektur und so folgten entsprechende Studien in Caracas, Venezuela und Aarhus, Dänemark.

WEITERBAUEN AM HANG - THEMA IHRER DIPLOMARBEIT

Wie fast alle Südtiroler*innen, die wir während der Zusammenarbeit für dieses Buch kennenlernen durften, ging es ihr auch so: Nach einem Schweifen durch die Ferne kehrte sie nach Südtirol zurück. Und da es nun mal naheliegend ist, aber auch eine Notwendigkeit, setzte sie sich, zurück in der Heimat auch architektonisch mit dem Thema Berg, speziell in ihrer Diplomarbeit mit „Weiterbauen am Hang" akademisch auseinander

Es folgten Jahre der Tätigkeit als Architektin in verschiedenen Büros in Südtirol, sowie, seit 2009 auch Lehraufträge. Unter anderem arbeitete sie auch bei *Pedevilla Architekten* (siehe Makers Bible - The Alps). Mit ihrem Mann Armin Pedevilla startete sie 2010 das Projekt Familiengründung und so ist die Familie heute bereits sechsköpfig. 2011 begannen die beiden mit der Planung und Umsetzung von „Chalet La Pedevilla" dem Neuaufbau des familieneigenen Erbhofs im Gadertal, auf 1280 Meter Höhe im Weiler Pliscia Enneberg (Seite 194). Seit 2010 ist Caroline Willeit Mutter, seit 2013 Gastgeberin.

WEB
lapedevilla.it
INSTAGRAM
@lapedevilla

Schlendert man in Südtirol durch Orte und Städtchen fallen natürlich die vielen uralten, durch dicke Mauern oder wettergegerbtes Holz geprägten Gebäude auf, viele dazu noch in Hanglage. So wird auch einem Laien leicht verständlich, dass Architektur sich hier vor allem mit den historischen Gegebenheiten (Denkmalschutz) und den Neigungen des Geländes auseinandersetzen muss. So ist auch Carolines Auswahl an beachtenswerten Gebäuden, genau das: Die Aufforderung nicht nur das spektakuläre und solitäre zu betrachten, sondern den Blick für das Unauffällige zu schärfen.

1 — Erst seit es wärmedämmendes Glas gibt, werden Fensterfronten in alpiner Architektur großzügig

SCHWARZENSTEINHÜTTE

Architektur von Stifter Bachmann. Diese hochalpine Schutzhütte ist nur zu Fuß erreichbar (ca. 4h), sie liegt auf über 3.000 m Meereshöhe und ist Ausgangspunkt für verschiedene Gipfeltouren und für hier Übernachtende. Die *Schwarzensteinhütte* ist ein unregelmäßiges Sechseck im Grundriss, in Kupferblech gehüllt, welches, als hätte man es bei der namensgebung gewußt, sich mittlerweile schwarz gefärbt hat und vom Tal aus ersichtlich ist. Sie liegt auf der südtiroler Seite der Zillertaler Alpen und ist von Ahrntal aus zu erreichen.

schwarzensteinhuette.com

ATTO SUITES & CUISINE

Architektur von Pedevilla Architekten. Ein heimeliges Zuhause auf Zeit. Für mich ein weiteres Beispiel moderner alpiner Architektur. Die Sichtbetonfassade wird farblich auf das rote Gestein im Sextner Bach angepasst. Die Innenräume sind mit Fichtenholz aus dem eigenen Wald ausgestattet. *Farm to table*, so das Konzept des Restaurants, in dem hofeigene Produkte verarbeitet und serviert werden. Ausblick auf die Sextner Dolomiten.

@attosuites
attosuites.com
pedevilla.info

DREI ZINNEN BLICK

Architektur W. Werner Franz. Idee und Konzept von Albert Willeit. Ein Projekt meines heimatverbundenen Papas, der seit über 40 Jahren in diversen Funktionen Landschafts-, Landes- und Heimatpflege betreibt. Dieser Pavillion ist zu sehen in Höhlensteintal bei Toblach. Wer die drei Zinnen auf einfachem Wege betrachten will, der ist hier genau richtig. Die Pavillions, die Informationen über das UNESCO Weltnaturerbe *Drei Zinnen* geben wurden aus den zwei typischen Materialien des Ortes gefertigt. Eines aus weißem Sichtbeton mit Dolomit Zuschlag und das andere aus Lärchenholz.

willeit-arch.eu

KLOSTER NEUSTIFT

Umbauarbeiten von modus architects und Markus Scherer. Das Ensemble des neu gestalteten Kloster Neustift lädt zum Erkunden ein. Durch die Engelsburg betritt man einen neu gestalteten Platz. Von diesem gelangt man in die antike Stiftsbibliothek (kleinstes Buch der Welt). Vorbei am Museum gelangt man durch einen weiteren Hof zum Brunnen mit den Sieben Weltwundern. Einen Hof weiter empfängt einen die Stiftskirche mit den prunkvollen Malereien und Fresken aus der Rokokozeit. Nach dem Rundgang sollte man in der Stiftskellerei die hausgemachten Weine verköstigen.

kloster-neustift.it

LANGSTREIN

Architektur von Werner Pircher. Wenn ein Architekt für seinen Sohn baut, kommt Ungewöhnliches dabei heraus. Er baut beispielsweise 60cm dicke Wände aus Dämmbeton. Ein Material das ohne weitere Schichten, schützen, tragen und dämmen kann. Inmitten der Vinschgauer Obstwiesen befindet sich der neue Bauernhof *Langstrein* von Christoph Pircher und seiner Familie. Wo es im Sommer heiß uns trocken und im Winter besonders kalt ist, bildet die große Speichermasse ein wunderbares konstantes Raumklima.

langstrein.com
architekt-pircher.com

UNTERGANZNERHOF

Architektur von Veronika Mayr. Auch das ist an Architektur in Südtirol für mich besonders: Weiterbauen im Bestand. Fast unauffällig und sehr feinfühlig erscheint der Verkostungsraum des Unterganznerhofs in Kardaun im Bozner Talkessel. Wenn man es nicht weiß, beachtet man diese Verlängerung des Weingut Erbhof Mayr-Unterganzner kaum, dabei ist es ein filigranes Flechtwerk aus Holz und Glas, welches für besondere Lichtstimmung sorgt.

mayr-unterganzner.it

ATELIER ROBERT BOSISIO

Architektur von Mahlknecht Comploi Architekten. Ein Künstleratelier in den Hang gebaut. Von außen kaum ersichtlich. Der Eingang ist wie ein Bilderrahmen in Beton gegossen und dahinter erschließt sich ein von außen nicht wahrnehmbarer großzügiger Raum in dem Kunst entstehen darf und an den Wänden aus Sichtbeton zur Geltung kommt.

robert-bosisio.com
mahlknecht-comploi.com

BISTRO BERGSTEIGER

In Sexten, am Eingang des Fischleintals – liegt das Bistro Bergsteiger von Christian Innerkofer: Behutsam eingefügt in die Umgebung steht es im Dialog mit dem denkmalgeschützten Kontext des benachbarten Hauses, welches mit den Fresken von Albert Stolz die Wanderer auf den Weg zu den Drei Zinnen grüßt. Hier kann man die Gerichte von Küchenchef Christian genießen – genauso wie die Architektur zeichnen sie sich durch lokale Bezüge und Zutaten aus. Nomen est omen: Die Besitzer des Bistros sind die Nachfahren der Bergsteigerpioniere Michl und Sepp Innerkofler.

dolomitenhof.com/de/genuss/bistro-bergsteiger

Katharina Moling

KUNSTKURATORIN UND KUNSTLIEBHABERIN

Die Leidenschaft für die Kunst – *la pasciun por l'ert*, wie es in ihrer Muttersprache Ladinisch heißt – gehört seit eh und je zu *Katharina Moling*, genauso wie ihre Neugierde. War es zunächst die Schönheit und Erhabenheit der mächtigen Berge und Gipfel, die sie faszinierten, wuchs in ihr mit der Zeit mehr und mehr auch die Begeisterung für das Gewirr und den Tumult der Großstädte und urbanen Zentren.

WEB
katymoling.com
INSTAGRAM
@katy_moling

IHRE MISSION IST DER ERHALT UND DIE VERMITTLUNG DER KULTURELLEN VIELSEITIGKEIT DER LADINISCHEN TÄLER.

Die Gadertaler Kuratorin kann mit großem Glück behaupten, dass die Dolomiten ihre Heimat sind: Aufgewachsen ist sie in Wengen, heute lebt sie in Corvara. Das hält sie jedoch nicht davon ab, hin und wieder Grenzen zu überschreiten, Frisches und Spannendes zu entdecken und sich außerhalb der ladinischen Welt auf Entdeckungsreise zu begeben.

Auf das Studium der Kunst-, Musik- und Theaterwissenschaft „Discipline delle Arti, della Musica e dello Spettacolo" in Padua folgte ein Masterstudium in Kunstgeschichte an der Universität Wien. Seit 2012 ist Katharina Moling Projektleiterin sowie Verantwortliche für den didaktischen Bereich im *Museum Ladin Ciastel de Tor* in St. Martin in Thurn und hat etliche maßgebliche Ausstellungen kuratiert, wie beispielsweise des Gadertalers Künstlers *Lois Anvidalfarei* in der Conturines Höhle. Das Gadertal als Arbeitsplatz hat ihren direkten Kontakt zur ladinischen Kultur gesteigert und auch ihre Liebe zu den Lebensgeschichten der Talbewohner*innen sowie ihr Interesse an hiesigen Bräuchen und Traditionen geweckt.

Äußerst lesenswert und immer wieder aufschlussreich sind ihre Publikationen: „Le cör dla ciasa – Die Stube im Gadertal", erschienen zur gleichnamigen, von ihr kuratierten Ausstellung; der Katalog zur Ausstellung „Legno – Lën – Holz" in der Stadtgalerie *Galleria Civica di Trento/MART*; die zwei Buchbände „Franz Josef Noflaner: Dichter Worte – Menschen Blicke". Als freischaffende Kuratorin versucht Katharina Moling immer wieder neue Wege zu beschreiten und hat etliche Ausstellungen sowie auch interkulturelle Projekte konzipiert und organisiert. Seit 2012 koordiniert sie die international renommierte Land-Art-Biennale *SMACH*.

In ihrer Arbeit legt Katharina Moling großen Wert auf die Erhaltung und Vermittlung der Vielseitigkeit des künstlerischen Geschicks und der kulturellen Betriebsamkeit in den ladinischen Tälern und gewährt uns auf den folgenden Seiten ein paar Einblicke.

2

1 — Eröffnung der Trienala Ladina im Museum Ladin in St. Martin in Thurn

2 — Ausstellung „Raisc“ im Wasserkraftwerk in Stern

3 — Ausstellung „Contrast“ im Ladinischen Kulturinstitut St. Martin in Thurn

3

SMACH - BIENNALE DER DOLOMITEN

Die international angesehene, zweijährlich stattfindende Freilichtausstellung SMACH verbindet Kunst mit Natur. Letztere dient als Schauplatz für die künstlerischen Kreationen, die speziell für die verschiedenen, historisch und kulturell interessanten Standorte inszeniert werden.

smach.it

SMACH - VAL DL'ERT

Werke von Künstlerinnen und Künstlern aus aller Welt mitten in alpinem Wald, an abgelegener Stelle: Val dl'Ert – Ladinisch für „Künstlertal" – ist ein Skulpturenpark in St. Martin in Thurn im Gadertal, der die erworbenen Arbeiten der letzten Ausgaben von SMACH zeigt.

smach.it/art-park

GUSTAV WILLEIT

Es gibt keine Landschaft. Es gibt Himmel, Wolken, Symmetrien, Spiegel, Felsen, Leben. Nicht nur Einsamkeit und Orientierungslosigkeit. Die Arbeiten von Gustav Willeit sind ein rücksichtsloser Versuch, das Bild eines Ortes zwischen Anthropologie und Geographie neu zu komponieren.

guworld.com

LOTTOZERO

Mit dem Projekt „Circular Wool" antwortet Lottozero, Zentrum für Textildesign der Bozner Schwestern Tessa und Arianna Moroder, auf die Nachfrage nach nachhaltigen Materialien: Für die Textilindustrie nicht interessante, grobe Wolle wird zu einem industriell nutzbaren Produkt, wie beispielsweise in der Kellerei St. Michael-Eppan.

lottozero.org

FATAMAN

Für das Produkt-Design-Projekt FATAMAN arbeiten der renommierte Designer Harry Thaler und Gadertaler Handwerksbetriebe zusammen, um die Qualität ladinischer Handwerkskunst weit über die Grenzen hinaus zu fördern. Authentizität und Kreativität bringen spannende und außergewöhnliche Produkte hervor.

fataman.it

MUSEUM LADIN

Das Ladinische Museum Ciastel de Tor in St. Martin in Thurn erzählt von Sprache, Identität, Traditionen und Kulturerbe der ladinischen Bevölkerung und bietet einen interessanten Einblick in Sagen, Geologie, Archäologie, Tourismus und Handwerk dieser Region.

museumladin.it

TOBIAS TAVELLA

„Dynamic Studio Practice“ nennt der Künstler Tobias Tavella seine künstlerische Praxis von temporären Arbeits- und Ausstellungsorten. Er selbst wird zum weltraumsuchenden Nomaden. In seiner Kunst geht es um eine allgemeine Auseinandersetzung mit Realität und Raumgewinn.

tobiastavella.com

BIENNALE GHERDËINA

Auf den Austausch zwischen Menschen, Pflanzen, Tieren, Mineralien, Geschichten, Sprachen, Traditionen und Legenden beruht die Biennale Gherdëina. Ein Festival für zeitgenössische Kunst in Gröden mit einer internationalen Gemeinschaft von Künstlerinnen und Künstlern.

biennalegherdeina.org

Das ganze Leben

34

ADRESSE Oberragen 18b, 39031 Bruneck — **T** 0039 0474 7715 10
IG @dasganzeleben — **WEB** dasganzeleben.it

Das ganze Leben – so heißt ein junger Möbelhersteller aus dem Pustertal in Südtirol. Vor allem aber ist der Name ein Versprechen. Hier trifft handwerkliche Tradition auf Leidenschaft für Design und Funktionalität. Hochwertige Möbel entstehen, die sich modular und minimalistisch ganz einfach an veränderte Wohnsituationen und Einrichtungsstile anpassen. So begleiten sie ihre Besitzer*innen mit sehr viel Flexibilität ein ganzes Leben lang.

Jenes Versprechen, die Vision einer langfristigen Nutzungsweise, macht Das ganze Leben aus. Nachhaltigkeit wird hier von Anfang an mitgedacht, was man schon an der Wahl der Materialien merkt. So legt man größten Wert auf Qualität und Herkunft. Alle Produkte werden ausschließlich im eigenen Betrieb in Welsberg hergestellt. Überhaupt bleiben die Südtiroler ihren Wurzeln im Pustertal selbstverständlich treu. Diese sind natürlich prägend für den Anspruch an handwerkliches Know-how und, na klar, das perfekte Ergebnis.

Heraus kommen Möbel, von denen die Macher Lorenz Sternbach und Georg Agostini überzeugt sind, dass Kunden sie den Rest ihres Lebens lieben werden. Die die Zeit überdauern und den täglichen Beanspruchungen locker standhalten. Möbel mit Herzblut und Seele, die langlebig und trotzdem schick sind. Manchmal kann weniger tatsächlich mehr sein.

Ega Water

35

ADRESSE Strada Ninz 16, 39036 Badia — **T** 0039 0691 7021 9
IG @acqua_ega — **WEB** egawater.com

Am Anfang war das Wort. Oder der Urknall. Wie auch immer Leben auf der Erde entstand, gleich danach kam das Wasser – denn ohne das nasse Element geht in der Evolution gar nichts. Eines der raren und ganz reinen Wasser kommt aus der höchstgelegenen Quelle Europas: das *Acqua Ega*. In rauer Schönheit und umgeben von den wunderbaren Gipfeln der Dolomiten entspringt auf 2.148 Metern im Alta Val Badia diese ganz besondere Quelle.

Das Acqua Ega liegt unter einer Permafrostschicht und hat so das ganze Jahr über eine Temperatur von 2,9 Grad. Das Wasser ist aber nicht nur frisch und rein, sondern hat neben hervorragenden mineralischen Eigenschaften auch einen bekömmlichen pH-Wert von 8,11. Das klingt sehr technisch, ist aber wichtig, weil das Ega-Wasser damit ein rares und eben auch kostbares Gut ist, das es nicht an jeder Ecke zu kaufen gibt. Aber in Südtirol. Möglich macht es Christian Agreiter, Gründer von Acqua Ega und obendrein Betreiber des Rifugio Scotoni (Seite 190).

Das Wasser schmeckt harmonisch und gibt die Vitalität zurück, die man gerne über den Tag verliert. Die Wasserflaschen werden eigens in einer Glashütte in Italien hergestellt, die schadstoffarm produziert und überschüssige Wärme direkt ins Energienetz einspeist. Das nennen wir schlicht: nachhaltigen Genuss.

Farmacia Dobbiaco

36

ADRESSE St.-Johannes-Straße 6, 39034 Toblach — **T** 0039 0474 9721 65
IG @farmaciadobbiaco — **WEB** farmaciadobbiaco.it

Hier in Toblach, im höchstgelegenen Dorf im Pustertal, kann man die Dolomiten ganz nah sehen, auch riechen und sogar spüren. In der Dorfapotheke werden nämlich aus den wirkstoffhaltigen, in alpinem Klima, in unbelasteter Umgebung wachsenden Kräutern wunderbar duftende Produkte hergestellt. Die *Farmacia Dobbiaco* hat im Februar 1974 der Chemiker und Apotheker Gianangelo Barbierato eröffnet und im Jahr 2010 Sandro, sein Sohn, übernommen. Von Beginn an war es Gianangelo ein großes Anliegen, eigene Produkte zu entwickeln. Ob Kosmetik mit natürlichen Inhaltsstoffen, hypoallergene und parfümfreie Pflegeprodukte für besonders sensible Haut, Sonnenschutz oder Nahrungsergänzungsmittel – alle Produkte sind speziell für die Behandlung in rauem Bergklima gedacht.

Ebenfalls immer noch erfolgreich hergestellt wird „Arnica Forte“, das erste Produkt der Farmacia Dobbiaco. Wendela, die Frau von Sandro und Schöpferin des Apotheken-Herbariums, machte ihren Mann bei einem Spaziergang durch die Ratsbergwiesen in Toblach auf die Blütenpracht der Arnika aufmerksam: Diese fantastische Blume ist eine der am meisten verwendeten Arzneipflanzen im Alpenraum. Farmacia Dobbiaco verwendet bei der Zubereitung ein Trockenextrakt dieser Pflanze, das bis zu 300 Mal wirksamer als ein Flüssigextrakt und somit hochwirksam ist. Das ist der Grund, weshalb sie auch als „Arnika-Apotheke“ bekannt ist.

Handweber Herman Kühebacher

37

ADRESSE Frau-Emma-Str. 14, 39039 Niederdorf — **T** 0039 3899 3865 39
WEB handweber.com

Ein Besuch in der *Handweberei von Herman Kühebacher* gleicht einem kleinen Ritt ins 19. Jahrhundert. Damals, als im Südtiroler Pustertal die Weberzunft größtes Ansehen genoss, weil sie so einzigartige Stoffe produzieren konnte. Genau in dieser Tradition darf man Herman Kühebacher verstehen. Er dürfte heute wohl der einzige Handweber sein, der sich noch der alten überlieferten Techniken der Schaftweberei bedient.

In seiner Werkstatt verwendet er deshalb für seine Stoffe ausschließlich Naturfasern, die er überwiegend von den heimischen Bauern bekommt. Seine Schafwolle stammt etwa aus dem Vinschgau oder dem Pustertal. Wenn zugekauft werden muss – etwa bei Alpaka, Vicuña, Kaschmir oder Seide –, achtet der Weber auf artgerechte Tierhaltung und Fair Trade. Jeder Arbeitsschritt bis zum fertigen Produkt ist Handarbeit. Gefärbt wird in Naturfarben und gewalkt lediglich mit Wasser und Seife. Die Bedienung des Webstuhls ist aufwändig und zeitintensiv. Aber die Mühe lohnt sich. Kuschelige Wolldecken, einzigartige Bade- und Handtücher, Schals oder Teppiche gehören zum Repertoire. Alles Einzelstücke in liebevoller Handarbeit. Die natürlichen und langlebigen Begleiter können direkt ab Webstuhl gekauft werden.

HANDWEBER HERMAN KÜHEBACHER

PUSTERTAL

Reinhold Stoll

38

ADRESSE Mühlstraße 5, 39035 Taisten / Welsberg — **T** 0039 4749 5055
IG @tischlereistoll — **WEB** reinhold-stoll.it

Reinhold Stoll ist Tischler. Vor allem aber ist er ein Mann, der seinen Beruf liebt und für den Holz weit mehr ist als der bloße Werkstoff. Holz verbindet Zeit und Raum, bewahrt den Zugang zur Natur und überzeugt in seiner ökologischen Bilanz. Kurzum: Stoll widmet dem Holz genau jene Aufmerksamkeit, die es seiner Meinung nach auch verdient hat.

Dabei hört Reinhold Stoll genau zu, wenn Kunden zu ihm in die Tischlerei nach Taisten kommen. Dann greift er zu Stift und Zettel und skizziert. Anschließend geht es gemeinsam mit den Planern in den Dialog, damit der Raum samt Möbeln bestmöglich den Anforderungen gerecht wird. Dabei immer im Fokus: Stolls konsequente, zeitgemäße puristische Gestaltung. Die Inneneinrichtungen und Möbel werden meist aus lokalem Massivholz gefertigt, bei Verschalungen auch einmal furniert.

Dass Stoll nebenbei auch noch eine begeisternde Künstlerseele hat, zeigen seine freien Arbeiten. Dann entstehen skulpturale Möbel, wie etwa sein Präsentationstisch mit ovalen Schalen aus Nussbaumholz, die Sitzbank aus massiver Ulme, die so schlicht ist, dass man einfach hinschauen muss, oder das raffinierte Tongefäß, das sich über ein Holzgestell auffächern lässt. Die Beziehung zwischen der Skulptur als Raumkörper und dem Raum lässt ihn nicht los. Gut für uns, denn so werden wir noch einiges von ihm sehen dürfen.

Haunold - Zacher Johann & Co. OHG

39

ADRESSE Burgweg 2, 39038 Innichen — **T** 0039 0474 9135 35
IG @haunold_by_zacher — **WEB** haunold.info

Haunold ist die Marke, Zacher sind die Macher. Als dieses Buch, welches Sie gerade in Händen halten, noch in den Kinderschuhen steckte, hatten wir genau so eine Manufaktur vor Augen: einen Ort, an dem ein natürlicher Rohstoff aus der Region mit Sorgfalt und viel handwerklichem Geschick zur Perfektion verarbeitet wird. Ein Stück Handwerkskunst, das es immer schon gegeben hat, aber heute moderner ist denn je.

Schon seit 1560 fertigt die Familie Zacher aus Schurwolle Filz. Und aus diesem Filz werden heute Pantoffeln und Einlegesohlen, Sitzunterlagen und Accessoires hergestellt. Heute, wohlgemerkt. Bei der letzten Generation waren nämlich sogar noch Hüte im Portfolio. Aber so geht man in der Innichner Manufaktur im Ortskern doch auch mit der Zeit. Die berühmten und urgemütlichen Filzhausschuhe gibt es aber selbstverständlich auch hier im Ladengeschäft.

Haunolds Wolllieferanten weiden im Pustertal und dem Vinschgauer Schnalstal. Dort sind die Schafe Teil des immateriellen UNESCO-Weltkulturerbes, der sogenannten *Transhumanz*. Und so dürfen sie auch immer wieder das Gras über die eigenen Landesgrenzen hinweg fressen. Da die Schafe den ganzen Sommer über im Gebirge sind, ist ihre Wolle besonders widerstandsfähig. Eine wahre Wunderfaser, die im Winter wärmt, im Sommer kühlt, „atmet“ und leicht zu reinigen ist.

TEAM DR JOSEPH

40

ADRESSE Christophorusstraße 5, 39031 Bruneck — **T** 0039 0474 5547 26
IG @teamdrjoseph — **WEB** teamdrjoseph.com

TEAM DR JOSEPH's Kosmetikprodukte genießen einen fabelhaften Ruf – in Fachkreisen und bei Anwender*innen sind sie weithin bekannt. Begonnen hat alles jedoch ganz klein und regional in Bruneck, wo das Unternehmen nach wie vor seinen Hauptsitz hat.

Die Geschichte von Dr. Joseph begann hier vor 40 Jahren. Nach einem Sportunfall suchte der junge Joseph nach natürlichen Heilmitteln als Alternative zur Operation. Sein Weg hat ihn dabei nicht nur geheilt, sondern auch zu einer beeindruckenden Erfolgsgeschichte geführt. Heute produziert sein Pionierunternehmen in Südtirol wirkungsvolle Naturkosmetik. Dabei verbinden sich Naturverständnis und naturheilkundliches Wissen mit modernster Forschung. So entstehen einzigartige Produkte der Extraklasse.

Die idyllische alpin-mediterrane Landschaft wiederum ist ein ständiger Begleiter und spiegelt gleichzeitig die zentralen Anliegen von TEAM DR JOSEPH wider: Vielfalt und Kreativität der Natur sollen so schonend wie möglich eingefangen werden. Wenn man mit der Natur arbeitet, so Dr. Joseph, liegt immer ein Hauch von Ehrfurcht in der Luft. „Denn mit der Intelligenz der Pflanzen kann auch das teuerste Hightech-Labor nicht mithalten."

GENTLE
COUPEROSE
TEAM Dr JOSEPH
DAILY

Lodenwirt

10

ADRESSE Pustertalerstraße 1, 39030 Vintl — **T** 0039 0472 8670 00
IG @lodenwirt — **WEB** lodenwirt.com

Um ins Pustertal zu gelangen kommt man unweigerlich am *Lodenwirt* vorbei. Über dessen Namen gibt die Lodenwelt gleich nebenan unter gleicher Adresse und Hausnummer Aufschluss, denn das Gebäude beherbergte einst eine Lodenmanufaktur. Heute wird hier immer noch alles von Hand gemacht, als da sind die Marmeladen und Torten, Pasta und Eiscreme, Kuchen und Brot. Küchenchef Matthias Schenk ist *Detail Freak* im besten Sinne und so ist hier sorgfältige Handarbeit Ehrensache, was das Restaurant auch bei lokalen Stammgästen so beliebt macht. Ein weiterer Grund ist die Gestaltung der Karte, von einfach bis exotisch, von einsteiger bis high-end, aber eben immer mit authentischen Zutaten. Wenn es Austern gibt, kommen sie aus der Bretagne. Wenn es Sushi gibt, ist es echt Japanischer Reis der verwendet wird. Es sind die Details, die nachher den Unterschied sprich den Geschmack ausmachen. Auch das ist ein weiteres Indiz für die Erfahrung des Küchenchefs – und die Haltung des Inhabers Thomas Profanter, dass man allein von durchfahrenden Gästen nicht leben kann und will, sondern mit handgemachter Qualität überzeugt.

Zum Geheimtipp macht den Lodenwirt, dass man von Außen nicht darauf käme, welcher Qualitätsanspruch hinter der Fassade liegt. Nebenan ist übrigens eine weitere Empfehlung: Die Käserei Capriz (Seite 65, Reisen mit Kindern).

11 KUNSTRAUM CAFÉ MITTERHOFER UND MANUFAKT

Handwerk und Kultur

Der eine – Manfred – kuratiert mit seiner Frau Greti im Kunstraum Café Mitterhofer seit 1993 Ausstellungen mit Positionen der zeitgenössischen Fotografie. Der andere – Hans – kuratiert im Manufakt feinste Handwerk- und Designobjekte. Zusammen mischen sie in Innichen und Umgebung die Kulturszene auf.

Peter-Paul-Rainer-Straße 4, 39038 Innichen
Web: kunstraum-mitterhofer.it
manufakt-innichen.blogspot.com

TIPP

MOUNTAINBIKE-TOUREN

Dass Südtirol ein Mountainbike Eldorado ist, ist offensichtlich, diese Touren hier führen entlang menschlicher Zeugnisse, die sich die Natur teilweise schon wieder zurückerobert.

KRIEGSSCHAUPLÄTZE AM BRENNERPASS

Zu Unrecht unbeachtet. Am Brennersee geht es schon los. Immer auf der Grenze entlang: Tunnel-Schotterpisten-Auffahrt vorbei an Relikten militärischen Ursprungs, 15 km Panorama- und Grat-Fahrt auf 2.000 Meter Seehöhe, mehrere Trail-Abfahrten möglich, Highlight Trail 1 von Sandjöchl, Rückfahrt auf alter Bahntrasse.

PANZERSPERREN UND BUNKER IM OBEREN VINSCHGAU

Auch Plamortböden-Tour genannt. Kurz über die Grenze nach Österreich. Von Reschen zur Bergkastelalpe und links weiter zum wunderbaren Hochmoor Plamortböden. Mehr Info zur Tour: www.vinschgau.net/de/aktivurlaub/rad-bike/mountainbiken

STONEMAN TRAIL DOLOMITEN

Die Stoneman Trails des ehemaligen MTB Profis Roland Stauder gibt es in anderen Revieren auch. Dies ist der Ur-Trail des hier Beheimateten und sie sind, wie der Name sagt, mit Steinmadln gekennzeichnet. Nun kann man die einfach so machen, oder von Roland geführt oder/und mit Registrierung - und so kann man ohne Wettbewerbsdruck zum „Finisher" werden. Infos in Sexten oder stoneman.it

Alle Tipps hat uns Jan Führer, u.a. Mit-Autor des MBT Führers „100 Bike Highlights Alpen" (Bruckmann Verlag) persönlich empfohlen.

Rifugio Scotoni Hütte

12

ADRESSE Lagazuoi-Alm 2, 39036 St. Kassian — **T** 0039 0471 8473 30
WEB scotoni.it

Vor dem *Rifugio Scotoni* haben die Götter den Schweiß gesetzt. Im engsten Wortsinne. Denn wer auch immer den Einkehrschwung ins Scotoni vollführen möchte, der muss irgendwie auf die 1.985 Meter über den Meeresspiegel kommen. In der Regel heißt das: per pedes. Je nach Startpunkt sind es deshalb die Wanderwege 18B, 20, 20A oder 20B, die einen zum Glück, oder besser, zur Familie Agreiter führen. Die nämlich sorgt bereits seit über 50 Jahren leidenschaftlich dafür, dass Wander- und Skivolk gleichermaßen herzlichst versorgt werden.

Genau das ist es ja auch, was wir uns nach einem anstrengenden Aufstieg oder langen Pistentag erhoffen: in den Arm genommen zu werden. Wir brauchen dann keinen Luxus, sondern eine herzhafte regionale Küche, die uns wieder aufrichtet. Chef Christian Agreiter steht selbst am Holzofen und bruzelt Grillspezialitäten wie Rippchen, Würstchen oder das Bistecca Fiorentina, das er von einem traditionellen Metzger in Panzano bezieht. Als Abschluss gibt's Apfelstrudel, Kaiserschmarrn oder Käse aus dem Pustertal. Überhaupt: Regionalität ist hier König, selbst bei der Getränkekarte mit über 400 Weinen. Wer länger bleiben möchte, etwa um mehr zu probieren, der kann im Scotoni auch übernachten. Die feuerroten Sonnenuntergänge vor der Dolomitenkulisse sind ein Erlebnis!

Rif. SCOTONI HÜTTE m. 2040

Biohotel Bühelwirt

24

ADRESSE Am Bühel 30, 39030 St. Jakob im Ahrntal — **T** 0039 0474 6503 09
IG @buehelwirt — **WEB** buehelwirt.com

Seit 2021 ist das *Hotel Bühelwirt* nun auch ein zertifiziertes Biohotel. Hier sind nicht nur Speisen und Getränke bio, sondern auch der Strom sowie die kosmetischen Produkte, die Besucher*innen auf ihren Zimmern finden. Beim Blick durch die Holzfenster in die alpenländische Natur ist das nur ein ebenso logischer wie konsequenter Schritt. Denn die Philosophie des Hauses ist, das Innere mit dem Äußeren in Einklang zu bringen. Ein Refugium für alle, die eine atemberaubende Aussicht bewundern möchten und diese sogar bekommen, ohne das Bett verlassen zu müssen. Der Stress verschwindet hier so schnell wie der Bergnebel im Frühling.

Das Hotel Bühelwirt ist ein idealer Ausgangspunkt für zahlreiche Wanderungen. Die Natur bietet perfekte Bedingungen, um ins Gleichgewicht zu kommen, Energie zu tanken und Inspiration zu finden.

Im Bühelwirt sind das Gestern und Heute wunderbar vereint: Das ursprüngliche Hotel wurde um ein modernes, minimalistisches Gebäude erweitert, das sich in die natürliche Umgebung einfügt. Über eine Brücke können Gäste nahtlos zwischen dem historischen und dem neuen Teil wechseln. Letzteres ist übrigens ein seit 2017 vielfach ausgezeichnetes Haus des Südtiroler Büros Pedevilla Architects (Seite 194).

Ferienhaus La Pedevilla

25

ADRESSE Str. Pliscia 13, 39030 Enneberg — **T** 0039 3466 1938 51
IG @lapedevilla — **WEB** lapedevilla.it

Wer durch alpine Landschaften fährt, kann sich an den Panoramen nur selten sattsehen. Auffallend ist jedoch, dass die alten Häuser dort immer nur recht kleine Fenster haben. Gut für die Wärme, schlecht für den Blick. Genau das haben sich wohl auch das Eltern- und Architekten-Paar Caroline Willeit (Seite 168, 169) und Armin Pedevilla zu Herzen genommen, als sie das Familienhaus im Weiler Pliscia in Enneberg auf 1.250 Meter Höhe komplett neu gebaut haben – inklusive wärmedämmendem Glas, versteht sich.

Betritt man das *La Pedevilla*, steht man mittendrin in der Küchen-Wohnstube mit angeschlossener Sofaecke und, natürlich, vor großen Fenstern. Der Geruch des dunkel gestrichenen Lärchenholzes außen weicht jetzt dem Duft von Zirbenhölzern. Dazu Südtiroler Lodenstoff der Manufaktur Moessner und einem Boden aus weißem Dolomit-Beton. Einfach und regional. Das oft ausgezeichnete La Pedevilla bietet ein helles Zuhause für vier bis sechs Personen ganz ohne Schnickschnack.

Bretter anschnallen heißt es dann im legendären Skigebiet Kronplatz und im benachbarten Pederütal zum Langlaufen. Oder wandern im Naturpark Fanes-Sennes-Prags vor der Kulisse der Dolomiten. Als Freunde leidenschaftlichen Handwerks lassen wir auch die Nachbarn nicht unerwähnt: Eine Hofkäserei sowie ein Holzschnitzer laden zu Schulterblicken ein.

Niedermairhof

26

ADRESSE Herzog-Diet-Straße 1, 39031 Bruneck — **T** 0039 3482 4767 61
IG @niedermairhof-bb-bruneck — **WEB** nmhof.it

Kathrin und Helmuth nennen ihren *Niedermairhof* eine Herzensangelegenheit. Einen besonderen Ort mit Vergangenheit, der bleibende Eindrücke hinterlässt. Diese Herzenswärme der Gastgeber zu spüren, macht für die Menschen, die Ruhe suchen – und auch finden –, jeden Aufenthalt zu etwas Besonderem.

Dabei blickt der Niedermairhof zurück auf eine 700 Jahre alte Geschichte. Typische Bauernhofarchitektur prägen ihn und Jugendstilemente, mittlerweile wurde er auch ins 21. Jahrhundert überführt. Der historische Kehlbalken-Dachstuhl blieb erhalten und auch Fassade und Fenster wurden ensembleschutzgerecht saniert. „Was alt ist, bleibt alt, was neu ist, ist so richtig neu", sagen die beiden. Dielen dürfen knarzen, in den Gästezimmern soll davon aber nichts zu hören sein. Auf den drei Stockwerken entstanden acht sehr geschmackvolle und gänzlich unterschiedliche Suiten. Alte Dachholzbalken treffen auf moderne Holzfußböden, Stahl begegnet altem Stein. Die Zeit steht manchmal still. Das ist gut für die Erholung.

Morgens ein reichhaltiges Frühstück, dann mit dem Leihrad in die Umgebung. Oder auf dem Liegestuhl im Garten lesen, ehe man dem Hausherrn beim Whiskybrennen zuguckt. Dafür sind Urlaube am Niedermairhof gemacht.

Ovina's Haus

27

ADRESSE Wiesenhofstraße 2A, 39032 Sand in Taufers — **T** 0039 3792 2379 58
FB @ovinas_haus — **WEB** ovinas.it

Wo einst das Café Wiesenhof in Sand in Taufers stand, finden heute Urlauber*innen in den Ahrntaler Bergen eine ganz besondere Möglichkeit, ein paar Tage in beeindruckender Alpenkulisse zu verbringen: In *Ovina's Haus*. Wo einst Kaffee ausgeschenkt wurde, steht jetzt ein modernes Haus aus ganz viel Holz und und mit mehr Platz. Acht Suiten für je zwei bis drei Personen sind es, die Gäste bei Mena und Elfi buchen können. Alle mit Balkon/Terrasse und Küche, zwei Mini-Lofts haben eine eigene Sauna. Daneben darf man den Gemeinschaftsgarten mit Sonnenterrasse ebenso nutzen wie die finnische Sauna oder die Bücherei, wo gelesen, getrunken oder einfach nur die Zeit genossen werden darf.

Das Ovina's eignet sich perfekt für Menschen, die gerne auch mal selbst kochen und keinen dezidierten Zimmerservice benötigen. Wobei Elfi dennoch mit Rat und Tat zur Seite steht: Frühstückskörbe und frisches Brot vom Bäcker? Kein Problem. Wer spät anreist, dem wird auf Wunsch der Kühlschrank mit regionalen Köstlichkeiten gefüllt und für die anstehende Wanderung gibt's einen Picknick-Rucksack mit Speck, Kaminwurze und Schüttelbrot. Das ist alles praktisch und durchdacht und macht den Aufenthalt noch eine Spur entspannter.

Lagació Hotel Mountain Residence

28

ADRESSE Micurá de Rü 48, 39036 St. Kassian — **T** 0039 0471 8495 03
IG @lagaciohotel — **WEB** lagacio.com

Manche sagen, das *Lagació Hotel Mountain Residence* ist ein Boutique-Hotel mit Frühstück und angeschlossenem Spa, andere bezeichnen es hingegen als pures Schmuckstück in den Bergen. Recht haben – natürlich – beide. Das von Margareth und Pio Canins betriebene Hotel darf man getrost als wunderbares Kleinod in den Dolomiten bezeichnen.

Es ist diese besondere Energie aus einem herzlichen Team und einer intakten Natur drumherum, die Besucher*innen hier ganz unmittelbar spüren. Hier gilt: Innehalten, die frische Bergluft tief einatmen, den Augenblick genießen. Tatsächlich muss man in einer der 26 sehr geschmackvoll eingerichteten Öko-Suiten auf 1.500 Meter Höhe nicht viel mehr machen. Aber man kann. Sich im *La Palsa Spa* in der Sauna, im Dampfbad oder bei einer Massage die Kräfte zurückholen etwa. Oder sich im Fitnessraum auspowern und im Anschluss die Umgebung bei Wanderungen erkunden. Vielleicht auch eins nach dem anderen. Oder in umgekehrter Reihenfolge

Morgens stärken Gäste sich im Lagació mit einem reichhaltigen Frühstück. Lokal, versteht sich: Südtiroler Käse und Wurst, Marmeladen, Bio-Brotsorten, Früchte. Dazu frisches Granderwasser, um die Urkraft der Natur von innen zu spüren, ehe wir sie draußen wieder erleben dürfen.

29 **SCHWARZENSTEINHÜTTE**

Gipfel der Empfehlungen

Mit 3026 Metern Höhe ist die Schwarzensteinhütte die höchste Empfehlung dieses Buches. Architektonisch herausragend (Seite 170) und spektakulär. Die seit 2019 von Margit Ainhauser bewirtschaftete Hütte hat eine belebte Geschichte die in der Fertigstellung des Neubaus 2018 gipfelte. Übernachtungen für unter hundert Euro Halbpension, nur von Juni bis September. Viele Wege führe hinauf, unter anderem kann man zu Fuß von Österreich aus dem Zillertal herüber wandern.

Tel: 0039 3428 0385 86, Web: schwarzensteinhuette.com

TIPP

GÄRTEN IN SÜDTIROL

Lustwandeln in aufwendig angelegten Parks und Gärten. Wer Handarbeit schätzt und natürliche Zutaten liebt ist vielleicht auch ein*e Gartenfreund*in. Die frische, gute Luft und die satten Farben geben Kraft und Inspiration, während man nebenbei der Südtiroler Vegetation näher kommt.

DIE GÄRTEN VON SCHLOSS TRAUTTMANSDORFF IN MERAN

Nicht nur für Pflanzenliebhaber ist diese Ruheoase ein erlebenswertes Ziel, allein die beeindruckende Aussicht auf die umliegende Berglandschaft macht die Gärten von Schloss Trauttmansdorff zu einem Muss in der Freizeitplanung. Das einem natürlichen Amphitheater gleichenden Gelände ist von Meran aus zu Fuß gut zu erreichen und bietet über 80 verschiedene Gartenlandschaften mit Pflanzen aus aller Welt.
trauttmansdorff.it

ROSARIUM IN PUFELS BEI GRÖDEN

Auf einem Hang, hoch oben über Gröden befindet sich beim Uhrerhof in Pufels der höchstgelegenste Rosengarten Europas mit über 6.000 Rosenstöcken und 250 Sorten.
uhrerhof.com

STIFTSGARTEN IM KLOSTER NEUSTIFT BEI BRIXEN

Nach historischen Vorbild liebevoll restauriert öffnet der Stiftsgarten Besuchern seine Tore. Gleich beim Eintreten beeindruckt ein Mammutbaum neben jahrhundertealten Ginkobäumen.Neben dem für ein Kloster typischen Kräutergarten findet man hier auch einen reich blühenden Barockgarten mit Brunnen.
kloster-neustift.it

INDEX

M

MAKER

H

HÄNDLER

G

GASTGEBER

U

UNTERKÜNFTE

IMPRESSUM

MAKERS BIBLE PUBLISHERS

Melville Brand Design GmbH
melvillebranddesign.com
Goethestr. 20
80336 Munich
Germany

Dieses Buch wurde erstellt, gestaltet und herausgegeben von Melville Brand Design GmbH

EDITORIAL

Herausgeber *Melville Brand Design, Lars Harmsen, Michael Schmidt*
Projektleitung
Michael Schmidt, Magdalena Schmid
Redaktionelle Leitung
Andreas Dauerer (Texte)
Kunigunde Weissenegger (Kuratorin, Texte)
Michael Schmidt (Kurator, Texte)
Creative Director *Lars Harmsen*
Design / Layout *Magdalena Schmid, Florian Brugger, Johannes König, Alexander Staudt*
Image Editing *Johannes König*

LEKTORAT

Dr. Daniela Gasteiger

ONLINE PLATTFORM MAKERSBIBLE.COM

Johannes König, Michael Schmidt

DRUCK

Druckerei Vogl GmbH & Co KG
druckerei-vogl.de
Georg-Wimmer-Ring 9
85604 Zorneding

MATERIAL

IGEPA Salzer touch 100 & 120

ISBN 978-3-00-072708-5

BILDNACHWEISE

Es wurden alle Anstrengungen unternommen um alle Urheberrechtsinhaber zu ermitteln. Wenn nicht im Auftrag von Makers Bible, wurde das fotografische Material von den Marken zur Verfügung gestellt. Fehlende Bildnachweise sind unbeabsichtigt. Urheberrechtsinhaber, die nicht korrekt angegeben wurden, sind eingeladen, mit uns Kontakt aufzunehmen:
info@makersbible.com

FOTO QUELLEN

KURATOR*INNEN
Bergbauernhilfe — Jonathan Greenaway, Dave Hoefler
Carmen und Klaus Alber — Portrait: © Copyright – Miramonti, Empfehlungen: 5ifty 8ight Chocolate: Markus Federspiel, Kräuterrebellen: © Copyright - Kräuterrebellen
Caroline Willeit — Empfehlungen: Atto Suites: © Copyright - Montamont
Dimitrios Panagiotopoulos — Empfehlungen: Gustav Willeit, Michael Groessinger, Meta: © Copyright - Meta Restaurant, Trauti: © Copyright - Trauti
Isabella Rabensteiner — Portrait, Bild 1, Bild 2: Constantin Mirbach, alle anderen Bilder: © Copyright - Montamont
John McDermott — Portrait: Manfred Georgens, Behind-the-Scenes-Bild Seite 89: Lucas Batliner, alle anderen Bilder: John McDermott
Katharina Moling — Portrait, Bild 2, Bild 3: Gustav Willeit, Empfehlungen: SMACH, Gustav Willeit © Gustav Willeit, © Lottozero, © FATAMAN, © Museum Ladin, © Tobias Tavella, © Biennale Gherdëina

Kunigunde Weissenegger — Portrait: Andreas Bertagnoll, franzLAB / Franziska Unterholzner, Empfehlungen: © BASIS Vinschgau Venosta, © Greiterhaus, © Violeta Nevenova, © Kunstraum Café Mitterhofer, © Jasmine Deporta
Lukas Höller — Joscha Jenneßen, Empfehlungen: vonKlammsteiner: Valentina Casalini, Pranzegg: Farah Maggiora Photography, ruralurban: Alex Filz

Seite 2: Sprechenstein
Kapitel 1 (Seite 9): Michael Schmidt
Kapitel 2 (Seite 39): Reisetopia
Kapitel 3 (Seite 81): Babak Habibi
Kapitel 4 (Seite 129): Marcus Gahnal
Kapitel 5 (Seite 165): Gianluca Grisenti
Seite 31: James Wheeler
Seite 149: IDM Südtirol-Alto Adige / Andreas Mierswa
Seite 163: Michael Martinelli
Seite 201: Reiseuhu
Seite 208: franzLAB / JacopoCoen

MAKER, HÄNDLER, GASTGEBER
UNTERKÜNFTE

5ifty 8ight Chocolate Markus Federspiel
AEON-an adults only place Hannes Niederkofler
Alois Lageder Daniel Eggert, Gregor Khuen Belasi, John McDermott
Andreas Mayr Kondrak Luigi Romanelli
Be more Store Leonardo Nave
Caroma Matthias Gasser, Alex Filz
Farmacia Dobbiaco Harald Wisthaler, Farmacia Dobbiaco
Federica Pallaver © Federica Pallaver
Flurin Hannes Niederkofler
franz&mathilde Thomas Tribus
Handweber Herman Kühebacher Herman Kühebacher, Susanne Barta
Haunold – Zacher Johann & Co. OHG Alex Filz
Haus am Turm / Ida Apartments Mike Rabensteiner
Hotel Gasthof Zum Hirschen Franziska Unterholzner, Armin Terzer, René Gamper
Hotel ICARO Luciano Paselli, Valentina Casalini, Matteo Scarpellini
Hotel Schgaguler René Riller, Martin Schgaguler
Hotel Weisses Kreuz Daniel Zangerl
insalata-mista studio Robert Eckstein
Lasa Marmo IDM Südtirol / Frieder Blickle, Gianni Bodini
Lichtstudio Eisenkeil Benjamin Pfitscher
Lightcatcher Photography Kurt Moser, Ivo Corrà
Miil Florian Andergassen
Milla Montis Daniel Zangerl, Marika Unterladstätter
Monpiër de Gherdëina © Monpiër de Gherdëina
Niedermairhof Silbersalz Photography, Manuel Kottersteger
Oberniederhof Tobias Brummer
Oberrauch Zitt © Oberrauch Zitt
Ottmanngut Franziska Unterholzner
Ovina's Haus Alex Filz
Pension Feldgärtenhof Martin Rechenmacher Photography
Qollezione Stefania Zanetti
Reinhold Stoll René Riller, Silbersalz Photography
Rifugio Scotoni C.D. Photographie
ruraluran Alex Filz
Seehotel Ambach Helmuth Rier
Spinnradl Franziska Haller, Benjamin Pfitscher
Sprechenstein Thomas Felix Plattner, Patrick Schwienbacher
Sublime Joscha Jenneßen
Tschenglsburg Kunigunde Weissenegger
Weinhotel Stroblhof Alex Filz
Werner Schönthaler Michael Schmidt, hanfstein.eu
Zilla Stefania Zanetti
Zunerhof Michael Lintner

DANK

Sabine Reister (IGEPA), *Erika Pfaffinger* (Salzer), *Ralf Vogl* (Druckerei Vogl).
Besonderer Dank gilt allen Kurator*innen, Makern, Gastgebern und Einzelhändlern, die uns ihre Empfehlungen und Tipps ohne Berührungsängste und mit Wertschätzung preis gegeben haben.

Namentlich gilt unserer besonderer Dank: *Ann-Christin Döding, Annalena Messner, Claudia Brose, Jan Führer, Lisa Knoll, Markus Burgermeister, Kurt Ratschiller, Sebastian Berg*

Jeder, der oben genannten hat einen Teil zur Realisierung dieses Buches beigetragen.

JOSEF TRAVEL BOOK

Kunigunde Weissenegger und Anna Quinz treibt die Neugierde und die Leidenschaft für ihr Südtirol. Mit ihrem Unternehmen franzLAB, Büro für Kommunikation und Verlag, arbeiten sie unter dem Motto „more than apples and cows". Eine der Publikationen von franzLAB ist JOSEF. Das Travel Book ist nicht nur ein Reiseführer, sondern eine neue Art des Reisens: Kreative und visionäre Menschen empfehlen Lieblingsplätze, verraten Geheimtipps und lassen Südtirol abseits von Äpfeln und Kühen entdecken. Bisher sind vier Bücher erschienen: Bozen (in seiner zweiten Auflage), Meran und Umgebung, Trient und SUPER JOSEF über ganz Südtirol.

Für die Makers Bible war franzLAB & JOSEF, in der Person Kunigunde Weissenegger, die ideale Partnerin für dieses Buch: Ortskundig, wie keine zweite; vernetzt mit Kultur und Wirtschaft, Kulinarik und Wein, Tourismus und Lifestyle abseits von Äpfel und Kühen.

joseftravelbook.com — @joseftravelbook

LVH.APA

Wirtschaftsverband Handwerk und Dienstleister — auch dies eine unschätzbar wertvolle Kooperation für diese Ausgabe. In Sachen Handwerk und Craftsmanship gibt es keine kompetentere Adresse als den lvh. apa die Interessenvertretung Südtiroler Handwerksbetriebe, die sich mit ihrer tatkräftigen Unterstützung unkompliziert auf uns eingelassen haben.

lvh.it

lvh apa
Wirtschaftsverband Handwerk und Dienstleister
Confartigianato Imprese

DIE MAKERS BIBLE

Die Makers Bible ist sowohl Buchreihe als auch eine Online-Plattform. Mit unserem Manifest für Qualität, Handwerkskunst und Leidenschaft teilen wir die Passion, die Handwerker*innen für ihre Arbeit haben.

Wir wertschätzen die Erzeugnisse von „Makern & Craftern", traditionellen Manufakturen und Unternehmen mit nachhaltigem Ansatz, die Rohstoffe aus ihrer Umgebung beziehen, deren Produkte besonders haltbar sind und sich bei Bedarf reparieren oder recyceln lassen. Das Ergebnis soll sich gut anfühlen und einen Nutzen bieten. Handgemachtes, das durch Gebrauchsspuren nicht nur an Schönheit gewinnt, sondern durch die Patina für seine Benutzer zu einem wunderbaren Unikat wird.

Das Team der Makers Bible ist sich der Bedürfnisse kleinerer und mittlerer Unternehmen sehr wohl bewusst. Wir beraten sie strategisch, sorgen für den richtigen Fokus ihrer Kommunikation und schaffen authentische Bilder und punktgenaue Texte, die unseren Makern eine unverwechselbare Identität verleihen.

makersbible.com — @makersbible

THE ALPS
101 Marken aus Tälern und Bergen

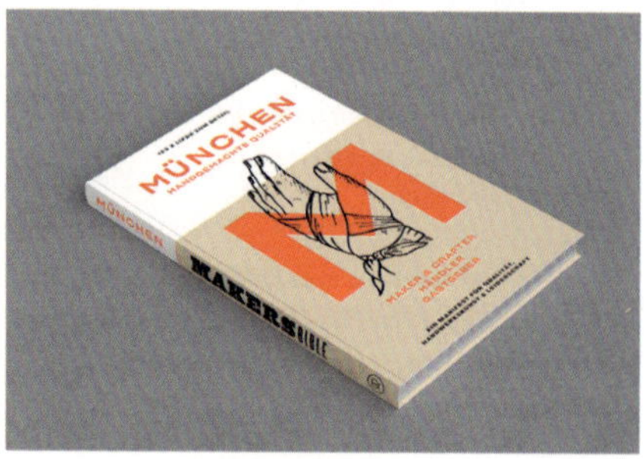

MÜNCHEN
Handgemachte Qualität

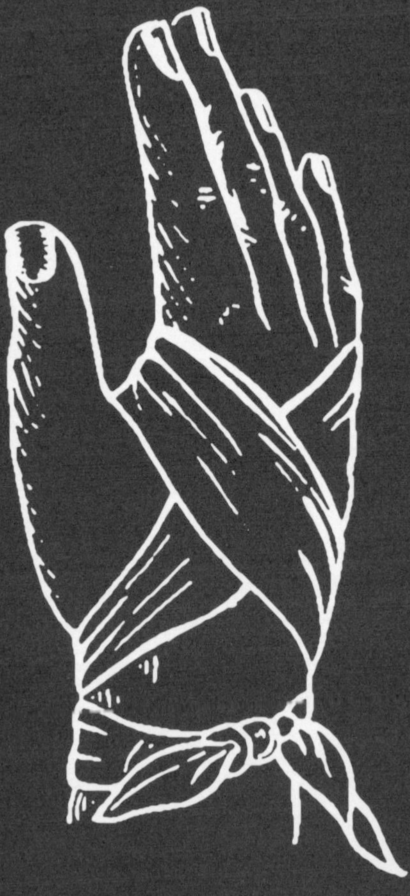